【风雅千年　名流接踵】
BAI PU

白蒲

杨春和　等编著

苏州大学出版社
Soochow University Press

图书在版编目（CIP）数据

　　白蒲 / 杨春和等编著. —— 苏州：苏州大学出版社，2015.7
　　（江海文化丛书 / 姜光斗主编）
　　ISBN 978-7-5672-1305-0

　　Ⅰ．①白… Ⅱ．①杨… Ⅲ．①乡镇-介绍-南通市 Ⅳ．①K925.35

中国版本图书馆CIP数据核字（2015）第100576号

书　　名	白　蒲
编　　著	杨春和　沈恒希　秦镜泽　刘　政
责任编辑	王　亮
出版发行	苏州大学出版社
	（苏州市十梓街1号　215006）
印　　刷	南通市崇川广源彩印厂
开　　本	890×1240　1/32
印　　张	6.25
字　　数	166千
版　　次	2015年7月第1版
	2015年7月第1次印刷
书　　号	ISBN 978-7-5672-1305-0
定　　价	19.00元

苏州大学版图书若有印装错误，本社负责调换
苏州大学出版社营销部　电话：0512-65225020
苏州大学出版社网址　http://www.sudapress.com

"江海文化丛书"编辑委员会

主　任：李　炎
委　员：李明勋　姜光斗　施景钤　沈启鹏
　　　　周建忠　徐仁祥　黄振平　顾　华
　　　　陈　亮　吴声和　陈冬梅　黄鹤群
　　　　尤世玮　王建明　陈鸿庆　沈玉成

主　　　编：姜光斗
执行副主编：尤世玮　沈玉成

"江海文化丛书"总序

李 炎

由南通市江海文化研究会编纂的"江海文化丛书"（以下简称"丛书"），从2007年启动，2010年开始分批出版，兀兀穷年，终有所获。思前想后，感慨良多。

我想，作为公开出版物，这套"丛书"面向的不仅是南通的读者，必然还会有国内其他地区甚至国外的读者。因此，简要地介绍南通市及江海文化的情况，显得十分必要，这样便于了解南通的市情及其江海文化形成的自然环境、社会条件和历史过程；同时，出版这套"丛书"的指导思想、选题原则和编写体例，一定也是广大读者所关心的，因此，介绍有关背景情况，将有助于阅读和使用这套"丛书"。

南通市位于江苏省中东部，濒江（长江）临海（黄海），三面环水，形同半岛；背靠苏北腹地，隔江与上海、苏州相望。南通以其独特的区位优势及人文特点，被列为我国最早对外开放的14个沿海港口城市之一。

南通市所处的这块冲积平原，是由于泥沙的沉积和潮汐的推动而由西北向东南逐步形成的，俗称江海平原，是一片古老而又年轻的土地。境内的海安县沙岗乡青墩新石器文化遗址告诉我们，距今5600年左右，就有先民在此生息繁衍；而境内启东市的成陆历史仅300多年，设县治不过80余年。在漫长的历史过程中，这里有沧海桑田的变化，有八方移民的杂处；有四季分明、雨水充沛的"天时"，有产盐、植棉的"地利"，更有一代代先民和谐共存、自强不息的"人和"。19世纪末20世纪初，这里成为我国实现早期现代化的重要城市。晚清状元张謇办实业、办教育、办慈善，以先进的理念规划、建设、经营城市，南通走出了一条与我国近代商埠城市和曾被列强所占据的城市迥然不同的发展道路，被誉为"中国近代第一城"。

南通于五代后周显德五年（958）筑城设州治，名通州。北宋时一度（1023—1033）改称崇州，又称崇川。辛亥革命后废州立县，称南通县。1949年2月，改县为市，市、县分治。1983年，南通地区与南通市合并，实行市管县新体制至今。目前，南通市下辖海安、如东二县，如皋、海门、启东三市，崇川、港闸、通州三区和国家级经济技术开发区；占地8 001平方公里，常住人口约770万，流动人口约100万。据国家权威部门统计，南通目前的总体实力在全国大中城市（不含台、港、澳地区）中排第26位，在全国地级市中排第8位。多年来，由于各级党委、政府的领导及全市人民的努力，南通获得了"全国文明城市"、"国家历史文化名城"、"全国综合治理先进城市"、"国家卫生城市"、"国家环保模范城市"、"国家园林城市"等称号，并有"纺织之乡"、"建筑之乡"、"教育之乡"、"体育之乡"、"长寿之乡"、"文博之乡"等美誉。

江海文化是南通市独具特色的地域文化，上下五千年，南北交融，东西结合，具有丰富的历史内涵和深邃的人文精神。同其他地域文化一样，江海文化的形成，不外乎两种主要因素，一是自然环境，二是社会结构。但她与其他地域文化不尽相同之处是：由于南通地区的成陆经过漫长的岁月和不同阶段，因此移民的构成呈现多元性和长期性；客观上又反映了文化来源的多样性以及相互交融的复杂性,因而使得江海文化成为一种动态的存在,是"变"与"不变"的复合体。"变"的表征是时间的流逝,"不变"的表征是空间的凝固;"变"是组成江海文化的各种文化"基因"融合后的发展,"不变"是原有文化"基因"的长期共存和特立独行。对这些特征,这些传统,需要全面认识,因势利导,也需要充分研究和择优继承,从而系统科学地架构起这一地域文化的体系。

正因为江海文化依存于独特的地理、自然环境,蕴含着自身的历史人文内涵,因而她总会通过一定的"载体"体现出来。按照联合国教科文组织的分类,"文化遗产"可分为四类:即自然遗产、文化遗产、自然与文化遗产、非物质文化遗产。而历史文化人物、历史文化事件、历史文化遗址、历史文化艺术等,又是这四类中常见的例证。譬如,我们说南通历代人文荟萃、名贤辈出,可以随口道出骆宾王、范仲淹、王安石、文天祥、郑板桥等历代名人在南通留下的不朽篇章和轶闻逸事;可以随即数出三国名臣吕岱,宋代大儒胡瑗,明代名医陈实功、文学大家冒襄、戏剧泰斗李渔、曲艺祖师柳敬亭,清代扬州八怪之一的李方膺等南通先贤的生平业绩;进入近代,大家对张謇、范伯子、白雅雨、韩紫石等一大批南通优秀儿女更是耳熟能详;至于说现当代的南通籍革命家、科学家、文学家、艺术家以及各行各业的优秀人才,也是不胜枚举。在他们身上,都承载着江海文化的优秀传统和人文精神。同样,历史文化的其他类型也都是认识南通和江海文化的亮点与切入口。

本着"文化为现实服务,而我们的现实是一个长久的现实,因此不能急功近利"的原则,南通市江海文化研究会在成立之初,就将"丛书"的编纂作为自身的一项重要任务。

我们试图通过对江海文化的深入研究,将其中一部分能反映江海文化特征,反映其优秀传统及人文精神的内容和成果,系统整理、编纂出版"江海文化丛书"。这套"丛书"将为南通市政治、经济、社会全面和谐发展提供有力的文化支撑,为将南通建成文化大市和强市夯实基础,同时也为"让南通走向世界,让世界了解南通"做出贡献。

"丛书"的编纂正按照纵向和横向两个方向逐步展开。

纵向——即将不同时代南通江海文化发展史上的重要遗址(迹)、重大事件、重要团体、重要人物、重要成果经过精选,确定选题,每一种写一方面具体内容,编纂成册;

横向——即从江海文化中提取物质文化或非物质文化的精华,如"地理变迁"、"自然风貌"、"特色物产"、"历代移民"、"民俗风情"、"方言俚语"、"文物名胜"、"民居建筑"、"文学艺术"等,分门别类,进行归纳,每一种写一方面的内容,形成系列。

我们力求使这套"丛书"的体例结构基本统一,行文风格大体一致,每册字数基本相当,做到图文并茂,兼有史料性、学术性和可读性。先拿出一个框架设想,通过广泛征求意见,确定选题,再通过自我推荐或选题招标,明确作者和写作要求,不刻意强调总体同时完成,而是成熟一批出版一批,经过若干年努力,基本完成"丛书"的编纂出版计划。有条件时,还可不断补充新的选题。在此基础上,最终完成《南通江海文化通史》《南通江海文化学》等系列著作。

通过编纂"丛书",我有四点较深的体会:

一是有系统深入的研究基础。我们从这套"丛书",看到了每一单项内容研究的最新成果,作者都是具有学术素养的资料收集者和研究者;以学术成果支撑"丛书"的编纂,增强了它的科学性和可信度。

二是关键在广大会员的参与。选题的确定,不能光靠研究会领导,发动会员广泛参与、双向互动至关重要。这样不仅能体现选题的多样性,而且由于作者大多出自会员,他们最清楚自己的研究成果及写作能力,充分调动其积极性,可以提高作品的质量及成书的效率。

三是离不开各个方面的支持。这包括出版经费的筹措和出版机构的运作。由于事先我们主动向上级领导汇报,向有关部门宣传,使出版"丛书"的重要性及迫切性得到认可,基本经费得到保证;与此同时,"丛书"的出版得到苏州大学出版社的支持,出版社从领导到编辑,高度重视和大力配合;印刷单位全力以赴,不厌其烦。这大大提高了出版的质量,缩短了出版周期。在此,由衷地向他们表示谢意和敬意!

四是有利于提升研究会的水平。正如有的同志所说,编纂出版"丛书",虽然有难度,很辛苦,但我们这代人不去做,再过10年、20年,就更没有人去做,就更难做了。我们活在世上,总要做些虽然难但应该做的事,总要为后人留下些有益的精神财富。在这种精神的支撑下,我深信研究会定能不辱使命,把"丛书"的编纂以及其他各项工作做得更好。

研究会的同仁嘱我在"丛书"出版之际写几句话。有感而发,写了以上想法,作为序言。

2010年9月

(作者系南通市江海文化研究会会长,"江海文化丛书"编委会主任)

目 录

蒲香千年	1
左右逢源	14
遗存众多	21
宜市宜居	48
寺观棋布	72
英才辈出	90
名流接踵	133
战争遗迹	144
长寿福地	150
附一：白蒲镇历史沿革	159
附二：沈岐为《白蒲镇志》作序	165
附三：蒲塘十景及其诗篇	167
附四：姜芥园	182
附五：白蒲历史文化地图	187

蒲香千年

古镇白蒲地处长江北岸古沙嘴三角洲冲积平原,成陆较早,自东晋义熙七年(411)设立蒲涛县开始,有建制管理的历史已逾1 600年。这里山川形胜,人杰地灵,名流接踵,流风余韵,自宋迄今不绝。悠悠岁月,为这块风水宝地积淀了深厚的历史文化,造就了一代又一代文人墨客、时代精英。

古代的白蒲,滨江临海,沼泽遍地,境内河道纵横,池塘密布,四处水边多生长"菖蒲",亦称"香蒲"。因蒲草晒干为白色,人们又称之为"白蒲",于是先人将此名衍生为地名。

植根在白蒲河港岸边的蒲草——白蒲地名来历的"活化石"

白蒲镇内地势平坦，土地肥沃，河道纵横。土质黏细，结构良好，富含稀有元素，土壤学家将白蒲地区土壤以"白蒲粉沙壤"的美称载入专著。境内自然资源丰富，在苏中有"鱼米之乡"之称。镇域面积144.85平方千米，现有居民住户3.9万户，总人口12.31万。

白蒲镇为全国重点镇、国家建制镇示范示点镇、江苏省历史文化名镇，中国民间文化艺术之乡，华夏长寿之乡，江苏省百家名镇，南通市中心镇。

如皋地区原为江南古陆部分，新生代第三纪沉没。250万年前古长江口移至南京龙潭一带，如皋地区仍为茫茫大海。后因江淮水流作用及三度海浸的相互影响，几经变迁，海岸东移，留下沙核，淤积成低陆，滋生杂草，继而出现食草动物，成为远古时期沿海沼泽地。约6 000年前，古长江口移至扬州、镇江，江面在入海口处骤然开阔，形成喇叭形，江流平缓，水下沉淀增高，逐渐形成水下三角洲。同时由于波浪作用，部分泥沙向江口两侧回旋堆积，形成长江北岸古沙嘴。最先形成的是扬泰古沙嘴。

扬泰古沙嘴形成后，其东南部外缘的延伸因受来自东北的合成风影响，初期发展缓慢，至春秋时，延伸至如皋车马湖一带。清康熙《扬州府志·山川·如皋县》载："车马湖，在县东南六十里，旧传范蠡为五湖游，浮海入齐，弃车马于此，故名。今有范湖洲。"今白蒲镇区在现车马湖东北偏东十几千米处，可推断那时的白蒲地区也在江岸边上，或为浅滩，或为大片沙洲，或已成陆。至三国时，如皋东南江滩延至30千米外的高阳荡。

据清光绪《直隶通州志·名迹附宅墓·如皋县》载："吴大司马吕岱墓在县东南六十里高阳荡。"高阳荡在今如皋林梓镇北，距现在的白蒲镇区仅5千米左右。荡地指沿江海湖泊积水长草而没有筑堤垦熟的土地，或开垦成熟后的土地。

高阳荡南部的白蒲地区或为浅滩，或为荡田，出现了大片土地。总之，自春秋至三国，在漫长的近千年时间里，扬泰古沙嘴东南外缘不断延伸，沿海岸、江岸形成沙洲湿地和江滩湿地，这些滩地被江水淹没又露出水面，潮涨潮落，多年反复，再加上人类的围垦活动，江滩湿地渐渐变成可耕地，沙洲湿地渐渐成陆、接陆，新的陆地不断涌现。白蒲地区便处在长江三角洲这片冲积平原上。

东晋安帝义熙七年（411）海陵增设如皋、蒲涛（白蒲）、宁海（海安）、临江（石庄）四县，白蒲原为"蒲涛"县名的正式记载始于此。

《中国历史地图册》载东晋时期地图（蒲涛县即今白蒲镇）

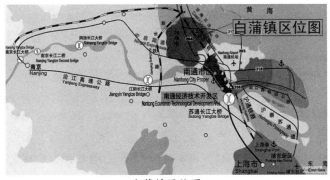

白蒲镇区位图

白蒲在如皋市区位图

  清《白蒲镇志》是研究白蒲历史的重要志书。镇人姚鹏春，字古风，嘉庆至道光年间人，是白蒲镇首部镇志的编撰者，住镇北街三牌楼处。姚鹏春幼年聪明颖慧，过目成诵，19岁时游庠，于道光十六年（1836）入贡。嘉庆九年（1804）姚鹏春在友人左树棠提议下萌生了编写白蒲镇志的念头。道光二十一年（1841），他"旁据博采，集数年之功，成一镇之志"，实现三十多年之夙愿。

  《白蒲镇志》共十卷，书成后，曾由南通籍地理学家冯雄收藏，1935年录入著名方志专家朱士嘉先生编写的《中国地方志综录》。新中国成立后，中国科学院、北京、南京、南开、上海图书馆均藏有抄本。1972年12月，南通市图书馆刻写油印，内部发行，从此清《白蒲镇志》广为流传。

  清《白蒲镇志》载，镇南某氏建宅开地时见城基一段，砖上字迹突起作"蒲涛县城甓（砖）"五字，取出数甓仍掩其基。镇中顾氏于宅后筑池时掘得古砖数枚，长尺余，有刻"蒲塘县造"四字者。某年天旱，在燕子河（官河）王家巷口河底挖井挖得数千年前海船大桅横木，长数丈粗几围，并有硫黄气味，应是千年前物沦没于此者，不动遂覆之。

南京图书馆藏清《白蒲镇志》原本

中国历史地图集

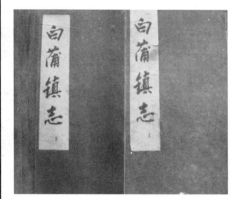

南通图书馆手刻油印本《白蒲镇志》

1973年6月13日，在白蒲沈桥村16组（原蒲西公社十九大队三队）马港河东侧，青年杨春友在小沟边摸蚌，发现了船板，后由生产队组织人员开挖。公社得知此情况后马上阻止了生产队的行为，并分别向南通博物苑、南京博物院汇报。同年7月6日至7月17日，由南京博物院出面，在专家组的指导下进行了挖掘。出土时船身保存完整，船舱口距地面2.6米，船长17.27米，船面最宽处2.9米，船舱深1.6米，船底由独木制成，宽1.8米，船身分大小八舱，船桅已断折，仅剩1米多。舱内发现唐代日用陶瓷器皿：泡菜罐两只、平口陶罐一只、陶碗三只、陶盅一只、兽骨一块、麻绳一小扎，并在船板夹缝内发现两枚唐代开元通宝铜币，系唐初武德年间铸造。在调查中有群众反映，过去有人在沉船处摸螺时曾摸到十几斤唐开元通宝铜钱。分析推断，该船当时行至夹江内遭突大风暴雨，因帆桅折断而沉没。此古船于出土当年7月26日用两辆卡车运送至南京博物院，经专家鉴定为唐代沉船。唐代沉船的出土印证了南通如皋地区成陆变迁的历史，是少有的地理、地貌、人文研究的重要佐证和考古资料，可与史籍记载相互印证。

出土的唐代沉船

农民在唐船件前合影

1992年3月,在原新姚乡曹家桥村1组发现宋代钱窖和水井遗址。出土隋、唐、五代、北宋4个朝代共64个品种的铜钱,钱币文字有真、草、隶、篆、行及八分字、瘦金字等书体。铜钱中,时代最晚者为北宋徽宗宣和七年(1125)铸行的"宣和通宝"。此外,在钱窖附近还发现一口宋代水井,系采用双榫卯井砖砌筑而成。

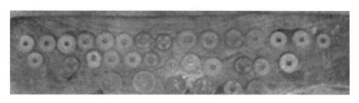

姚园22组杨德成收藏的古钱币

已并入白蒲镇的原林梓镇1988年拆迁时,在林梓大桥东畔15米处村民郑延年的宅基地上,发现了古盐灶址,出土了长40厘米、宽13厘米、厚11厘米的汉砖数百块,分析距今约有2000年历史。2012年文化遗产普查中,原林梓村级老干部们反映几处古遗址:月旦村高竹园(现月旦村28组)1970年平整土地时发现古井两口,出土弯井砖数十块,另有砖头瓦砾堆数处;田港3队(现月旦村7组)1972年拓宽通扬运河时发现古井两口,出土弯井砖若干;文著村丁家高园(现文著村30组)1976年平整土地时发现古井三口,出土弯井砖数百、砖块瓦砾数堆。

历史上白蒲镇长期分属通、泰两界,判若列眉。古代文人学士赴试或是民间诉讼,需分赴通州与泰州或扬州,不胜跋涉之苦。

南北分治,是白蒲镇特有的现象。一镇分治千年,国内罕见。

明嘉靖《通州志》记述州境区域时记载:"通州境在扬州府东四百里,其封域……北至如皋县界白蒲镇六十里到县。"明万历《通州志》在记载州域时也写道:"先王疆理天下,立国五等,提封所界广轮画一而不可逾,通隶扬州府……北至白蒲镇六十里为如皋界。"上列两志关于区域的记载,都指出白蒲的蒲南镇是通州北边的大镇,是通州本土的一部分。

清代《白蒲镇志》载,白蒲镇"南属通州,北属如皋县,正街司巷口分界,官河西亭坝分界,坝在河西,河之东与坝直接,有分界石碑,碑立顾家老宅楼墙外,今断委于地"。明代及清初,通州属扬州府,如皋属扬州府泰州,故镇南称"通界",镇北称"泰界"。

1933年所印《如皋县志》第一卷记述四境时写道:"……东南至白蒲镇中板桥通州分界七十里",当时的中板桥以南为蒲南镇,中板桥以北为蒲北镇,属如皋县。

一镇一分为二,其形成亦有其历史根源。

追溯到唐代以前,长江入海口是一个大喇叭形,江口聚沙积成一块沙洲——壶豆洲(也称胡逗洲),该洲与如皋南30千米的白蒲有一条夹江——古横江相隔,如现在的崇明岛与启东之间有江相隔一样。长江北江岸蜿蜒曲折,横江西起石庄左右,东经车马湖,再流经白蒲镇西侧斜向石港方向,直抵三余,东出大海。姚氏镇志载"唐宋时所建古刹俱西向,为镇压洪涛而设",是"江"在白蒲镇西的佐证。待到唐末天祐年间(904—907),横江水浅,西端首先封闭,洪道淤积成陆,成为河汊水网平原。壶豆洲与白蒲一带连成一片,而原横江成为后来通如之间的界河。

公元958年(后周世宗显德五年),周世宗的部队攻克淮南,南唐放弃了江北大片土地。后周乃升静海都镇制置院为静海军,改称"通州"(所辖领土即当年的壶豆洲),隶属扬州管辖——这是通州(南通)行政建置的正式开始。因为白蒲是唐末昭宗天祐年间沙洲与大陆接涨的原大陆部分,故白蒲镇南半部被分出去,列为通州本土,改为隶属通州。白蒲镇北半部镇区仍属如皋治,这便是白蒲分属"州境"和"如境"的地理起源。

白蒲历史上也曾有两次短暂的"合治"出现。

第一次合治在公元1912年(民国元年),白蒲镇属江苏省苏常道管辖,镇上通如两境合治,建立自治会组织,实行地方自治约七八年之久。

第二次合治在公元1938年,该年3月18日,日军入侵白蒲,白蒲镇由伪治安维持会统管三个月,后又分别成立了如皋县和南通县管辖的蒲南、蒲北两个自治分会。

1949年中华人民共和国成立后,白蒲镇才正式结束了长期分治的现象。

清光绪《通州直隶州志》中有一幅清代白蒲镇平面示意图,资料现藏于南通市图书馆古籍部。清《白蒲镇图》从一个侧面印证了姚鹏春所撰之《白蒲镇志》,展现了古镇的地域特征和布设格局,是一份难得的历史参照读物。

古白蒲镇依势而筑,傍水而建,巧妙地利用了通扬运河贯穿南北和河网纵横的地域特点,兼顾人居、防卫、交通、商贸、宗教、丧葬等方方面面,呈现出以下六个特色:

其一,扼河而守,突出泛防。

"汛"通"泛""氾",与"汛"字极易混淆。示意图上标有南汛房、北汛房和东北汛房计3处。镇志载,汛房有4处:一在通州界法宝寺前,称"中营";二在通州界观音堂左侧,称"左营";三在如皋界北武庙之北,称"中营";四在如皋界三官殿左侧,称"左营"。所谓"汛房",即驻兵之营房,专门负责运河一线的防卫工作。乙亥《通州志》载,白蒲汛房每处驻扎5名士兵,计19名左营额,配备马蹄炮4位,乾隆九年(1744)制造。整个防务隶属狼山镇中营把总,各汛房皆建有营房、墩台、烟笼牌坊和旗杆等战备、瞭望、信号设施。此外,《白蒲镇图》上还标有3个城门:德星门、登津门、聚德门。以登津门建筑最是雄伟,门上建有城楼。3个城门均是关隘,有"一夫当关,万夫莫开"之功能,加之市河作为天然的护城河,这样就能御敌于运河之西而保河东镇区无虞。

其二,寺观棋布,宗教鼎盛。

地图上标有寺观21处。上真殿始建于唐贞观二年(628),是蒲上最古老的道观。法宝禅寺建于唐大和四年(830),历史最为悠久,宋至和元年(1054)重修,定礤时掘得白龟献于朝,御赐名"法宝寺",时为州属八大丛林之一。另19处寺观为:古佛庵、吕祖阁、南文昌宫、北文昌宫、南泰山、北泰山、白衣庵、文峰阁、古茶庵、南庵、西庵、三官殿、北武庙、南武庙、城隍庙、梅熟庵、南魁星楼、北魁星楼、东岳庙。一个小镇寺观如此众多,可见儒、释、道等宗教文化流派当年各得其所,交相辉映,宗教活动十分鼎盛,善男信女之多亦可推想而知,传统历史文化根脉之深厚亦可见一斑而窥全貌!

其三,河流纵横,九桥跨水。

清代《白蒲镇图》上有河流20余支,纵横交错,俨然若"江南水乡"。标明的桥梁有10座:万安桥、中板桥、溯淮桥、东方桥、南庄桥、草行桥、驷马桥、薛家桥、王家桥、牛桥等。其中,万安桥(俗称南石桥)、中板桥、溯淮桥(俗称北石桥)等三桥最为壮观。万安桥,又名"通济桥",传说桥成之日河水里有神龙显现,故又名"见龙桥",由明代万历年间通州知州林云程所建;清康熙二十五年(1686)镇人姜肇基重建,改名"太平桥";乾隆三十一年(1766)镇人沈世禄出重金大修,更名"迎岚桥",意为与南通狼山相对。该桥系麻石拱桥,拱高数丈,气势恢宏,横架于市河之上,遐迩闻名。镇志载,除上述桥梁外,尚有直定桥、佛淌桥、筷儿桥、寿星桥、东三桥等,共计有15座之多。与今日周庄相比毫不逊色,且精美程度有过之而无不及。

其四,中轴切割,对称布局。

从清代《白蒲镇图》上不难看出,由中板桥向东延伸至草行桥形成一条中轴线,将古镇大体切割成南北两个部分,一些主要建筑物围绕中轴线呈南北对称分布,如文昌宫有南北之分;镇山(注:实为土山丘)亦有二,分称南北碧霞宫,又名南泰山和北泰山;其他建筑如魁星楼、关帝庙等均分南北二处。一个小镇为何注重对称布局?究其原因可能有二:一是中华传统美学观力倡对称美,以显示平稳、严谨、均衡、调和、坚固。小至民居,中至皇宫,大至京城都充分体现了这种对称美。儒家学者程颐就说过:"万物莫不有对,一阴一阳,一善一恶,阳长则阴消,善增则恶减。"西方美学中提倡的不对称美乃至残缺美等都是中华传统美学所不取的。其实,对称美强调的是一种整体观,体现"天、地、人"的统一和协调,含有较深刻的辩证法思想。二是白蒲镇自后周显德五年(958)至民国时止的990多年间,一直分属通如两界,姚鹏春在《白蒲镇志》卷一"区域篇"就明确指出:"镇统于州县两界,判分较若列眉";在"疆界篇"中又写道:"白蒲古时溪泽多生白色蒲草,因此得名。周围十余里,南属通州,北属如皋县。正街司巷口分界,官河西亭坝分界。坝在河西,河之东与坝直接,有分界石碑","镇中数万家多有祖贯……界分咫尺,居处相杂,而籍贯不紊如此"。一个镇分属两界,判若两个"小国家",各建一些寺观之类,形成对称和对应状态,当在情理之中吧。

其五,坊表林立,彰显寿颐。

清《白蒲镇图》标有五世坊和百岁坊两处牌坊。其实,据镇志详载,全镇有石牌坊计21处,以五世坊、百岁坊最为有名。百岁坊奉旨旌表建于乾隆三十六年(1771),是为102

岁老人陈天祥立,曰"人瑞",紫琅乐何、顾璜在横石碣上还题刻了一首律诗记其事,很有品读价值:"岁庆期颐旷古难,天钟我里寿陈抟。才从蒲水歌人瑞,更望燕台降御銮。凤诏迢迢辉草阁,官僚济济拜衣冠。经营华表迎恩宠,胜迹千秋指点看。"一位普通百姓能够受到封建帝王表彰,实非易事。五世坊建于道光十七年(1837),是为诰授光禄大夫、都察院左都御史沈岐之父一品封翁沈兰泉所立,朝廷奉旨赏给"恩荣衍庆"额。赐进士出身、兵部侍郎、总督江南河道提督军务潘锡恩撰铭赞曰:"紫琅山高蒲水长,秀毓德门泽流滂。岢然我公今宪光,五世嬉娱昼锦堂。膝绕颐颔乐未央,积善之家有余庆。翩然归真白云乡,耆龄硕德人伦望。铭幽之词视泷冈,焘厥后嗣永炽昌。"更多的牌坊属节孝坊,有19处之多,规模大小不等,以北街上的三牌楼最为高大。

其六,义冢十二,丧葬有序。

虽然地图上仅标义冢两处,实际上镇志详载了12处义冢。面积最大的一处有28亩地,在河西星月庵后边,是清道光庚子年所设。有的义冢还设男女分葬处,如镇北吴家义冢。在旧社会,白蒲是苏北重镇,是兵家必争之地,由于战事频繁,丧亡人口众多,解决好丧葬问题确是涉及社会能否安定有序的现实问题。看来,清代这一问题在古镇白蒲解决得较好。另外,清代白蒲季家坝北边尚有一处"倭子坟",是明时所杀倭寇之掩埋地。敌友亡灵均有安息之地,可见民政工作之周密。

明代至清代末期蒲镇有风景区十余处,文人墨客均有绘画、题咏。据清《白蒲镇志》载,当时著名的"蒲塘十景"分别是"南浦春帆""北楼秋荻""东阁风筻""西亭雪驮""法宝楼台""碧霞钟磬""虎关烟雨""入画园林""虹桥三曲""燕尾双溪"。百年风雨,历史沧桑,如今这些景点都已不复存在。

在地图之外需要补充的是，清代白蒲镇还设有递铺（相当于邮局）、育婴堂、水龙局（相当于消防大队）、二十四条巷、七大宗祠（隶属沈、吴、顾、刘、郑、李、姜等七个大姓氏）、社学（元明清三代的地方小学，15岁以下的幼童可入学就读，学习冠、婚、丧、祭之礼及经史历算，兼读"御制大诰"和"本朝律令"）、七类行市（鱼、米、糠、竹、木、藕、猪等类）等。镇郊还有规模大小不等的私人园林近30处，古树林木荫天蔽日，实在是一个"花园式的古镇"。由于文脉久远，名流接踵，流风余韵自宋至清不绝，书画家郑板桥、文学家袁枚与蒲上文人墨客过从甚密，留下了大量的墨宝。一个小镇在清代产生了文进士10人、武进士2人、举人58人、贡生185人、议叙78人、应议86人、武举8人、副榜3人、武达10人，给予授职的计258人。追昔抚今，古镇历史的林林总总，对于当今在推进小城镇建设中保护、修缮、利用，具有不可多得的重要参考价值。

左右逢源

白蒲镇既位于新老通扬运河的重要节点上,又位于204国道、沿海高速公路的重要节点上,还是新长(江苏新沂—浙江长兴)铁路、宁启(南京—启东)铁路上的客货运站点,可谓左右逢源,占尽地利之优势。

通扬运河贯穿白蒲镇全境,是蒲镇人的"母亲河",南起通州区任口,北至丁堰镇,在白蒲镇境内长达20余千米。

蒲涛路

通扬运河始建于西汉文景年间(前179—前141),其前身是西汉吴王刘濞时开凿的一条西起扬州茱萸湾(即今湾头镇)、东通海陵仓(今泰州)及如皋蟠溪的一条运河。当时开挖这条运河的目的,主要是为了便利运盐,后称之为盐运河,亦名邗沟、南运河等。

蒲涛路路牌

西汉文景时,吴王刘濞在封域内"即山铸钱,煮海水为盐"。开凿盐运河后,淮南盐场的盐通过水运集中到扬州,然后转输各地,"以故无赋,国用饶足"(《汉书》),并在公元前154年以此作为发动"吴楚七国之乱"的经济资本。自刘濞之后,历代统治者为攫取盐税这一重大财源,又逐渐将该运河向东南延伸,最终直达南通沿海。到1909年这条运河正式改称为通扬运河。

通扬运河贯通江苏扬州、泰州、南通三市。新中国成立后,又开挖了一条新的通扬运河。新老通扬运河近乎平行。

1924年(民国十三年),白蒲镇人沈来宽主持集资一万银元,在白蒲西侧新开一条大河,从南洋桥向西二里折向西北,再向东流经北洋桥、如虹桥,与穿镇的市河汇合,经虎牢关、北渡船口直向北流,南来北往的航船绕过了镇区,解决了航行不便的问题。1969年,如皋县政府人工拓宽老通扬运河,裁弯取直,废新河湾,形成现在的新通扬运河白蒲段。

1969年改道后的通扬运河（白蒲南段）

1969年改道后的通扬运河（白蒲北段）

老通扬运河亦经过白蒲镇区。宋元时，由海道经通扬运河运粮，北至三里楼，南至五十里，称为"官河"，又称"市河"。历史上市河北段又称"燕子河"，五十里至文峰阁一段，为纪念文天祥，又称为"闻马河"。文峰阁至南石桥水路原有七湾，称新河湾，为蒲塘一景。千余年里，老通扬运河白蒲段在蒲镇人们生产、生活、交通、贸易中发挥了无可代替的重要作用。白蒲人尊称其为"母亲河"，文人墨客都有题咏。1969年老通扬运河拓宽裁弯取直时填平镇区内的河段，成为如今的蒲涛路。

中国早期现代化先驱张謇先生当年修筑了由唐闸至白蒲的公路，于1921年5月建成通车。其后又延伸至如皋，再延伸至扬州。路面全是土路。1954年后用碎砖铺路基，路面再盖一层砂石，成为砂石路。20世纪80年代逐渐改为柏油路，90年代成为204国道的一段。

2002年建成的新长铁路和2006年建成的沿海高速公路都经过白蒲，并分别设客货运站和进出道口。

新长铁路（白蒲段）

沿海高速（白蒲段）

蒲籍蔡家雄先生1956年6月南石桥实景写生画

蔡家华先生收藏1957年间南石桥实照

古代白蒲市河上卧有三桥,即南石桥、北石桥与中板桥。文人学士号称"虹梁三曲"。

南石桥跨市河南段,始建于明代万历年间,传说桥成之日,见龙于河上,故名"见龙桥"。清代桥两次倾圮,两次重建,曾名"太平桥""迎岚桥"(取与南通狼峰相对之意)。清道光年间又重建,姚鹏春定名为"万安桥"。石桥为花岗岩无梁石拱桥,桥高三丈余,天气晴朗、万里无云之际站在桥上能见到崇川狼峰。桥东侧43级石台阶,桥西侧42级石台阶。桥顶两边石栏板上阳刻"万安桥"三字。桥顶有两对石狮,栏杆阴刻有"愿天常生好人,愿人常行好事"的劝世对联。桥身外伸出两对石刻龙头,面对大河南北。桥西南有一对石狮,置于修桥功德碑前。

南石桥于1958年"大跃进"时期拆除,用于建如东盐场,苏北名桥遭毁。

北石桥又名登津桥,建在宋代通济第二闸上,桥墩两侧仍留有石闸口,为双级石桥,石桥下可航行木船。为方便行人,1940年北石桥改建为花岗岩梁板石桥。北石桥是沟通镇北部地区东西的重要桥梁,两端聚集多家粮行,经营油饼六陈。桥东尾的小街,布满饮食业和各种服务业,有闻名的"娄复兴""陆德记"餐馆,长寿食品白蒲茶干、鱼腐、潮糕的生产店家就布满在此地区。小街又是连接市大街的通道,也是镇文化活动地之一。北石桥因1969年通扬运河二次拓宽裁弯取直时填河而废。

1955年6月疏浚市河时宣传队与民工在北石桥下合影照

中板桥居市河之中,又名"德星桥""通界桥",原为木板桥,桥下可航行木船。因桥高,独轮车、行人上桥困难,1933年改建为水泥平面桥,曰"中心桥",桥与两岸相平,方便路人。民国初白蒲因新筑公路,疏浚、改道、拓宽西大河,新建了南洋桥与北洋桥，大型船只均改道西河航行。中板桥两端是蒲镇发达的商贸区，新中国成立之初白蒲首家发电厂就建在桥西尾南首。中板桥因1969年通扬运河二次拓宽裁弯取直时填河而废。

在通扬运河白蒲段上有两座大桥——通津桥、蒲安桥，俗称南洋桥、北洋桥，始建于民国初期。当时，由于市河狭窄，北石桥、中板桥又矮小，已不适应船只的通航。在张謇先生的支持下，白蒲镇总董沈来宽发动民众捐款，在白蒲西侧新开一条大河，大河向西二里再折向西北，与镇区内的市河汇合。在南北两段处，新建钢筋水泥的通津桥、蒲安桥，由私塾先生吴鼎安题写桥名。两桥建成，解决了汽车和大型船通行的问题。随后白蒲汽车站、轮船码头也应运而生。1969年，通扬运河二次大改道时，两桥拆除。

无论古今，白蒲都处于水陆交通的干线上。交通便捷，使白蒲自古以来就是江海平原上可数的繁华名镇之一。

遗存众多

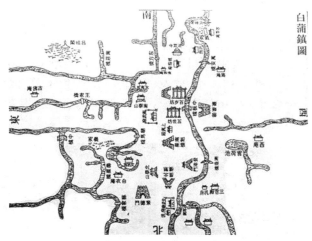

清《通州志》载白蒲古地图

白蒲土地肥沃、物产丰富、交通便捷、商贾繁荣、人文荟萃，一代又一代蒲塘先人蕴育了丰厚的建筑文化内涵。建筑群里，古建筑鳞次栉比。这些古建筑历经唐、宋、元、明、清的传承，至咸丰二年（1852）通州《白蒲镇图》及清代镇志记载，白蒲仍存有街、市、巷、坝、关、桥、门、闸、城、亭、池、湾、路、头、口、井、墩、庄、园、坟、场、坊、寺庙、观堂、社学、宗祠、汛房、替铺、台站、育婴堂、水龙局、义塚等。古城门有聚德门、聚星门、登津门、青阳门；古街巷有市大街、东街、西街、秀才巷、史家巷、驷马桥巷、分界巷等；古建筑有上真殿、法宝寺、南北泰山庙、南、北武庙、文峰阁、吕祖阁、西亭坝等；牌坊有百岁坊、五世坊、三牌楼坊、节孝坊等十多处；古桥梁有："万安桥（南石桥）、溯淮桥（北石桥）、中板桥、如虹桥、寿星桥、牛桥、驷马桥"等十多处。

全镇现有省级文物保护单位（明清古建筑群）共25户，另有南通市级文物保护单位1处，如皋市级文物保护单位12处，历史建筑15处，主要有：

顾氏私塾 顾家老宅巷5号的顾氏私塾，是始建于明洪武二十年（1387）的古建筑，有堂屋、书院、藏书楼、内外天井、花房、楼房、庭院等共4栋11间，为如皋市保存基本完好的古名宅。顾氏为书香门第，世代教书为业，仅明、清两代从该院就走出进士3人、举人7人、贡生4人，所教子弟百余人在全国二十多个省、市任官。至今顾氏亲属仍有12人从事教育工作，其中教授2人。

藏书楼

顾氏住宅大院

斋内弟子赠文定、文静先生匾额

古时学生读书处

美国长老会 市大街113号的美国长老会古建筑,始建于明万历四十年(1612),共5栋18间,是如皋市仅存的中西结合式建筑。1933年租给美国传教士设"长老会"做教堂,租期99年。原建筑改成中西结合式,特别增添了烤火用的壁炉和烟囱及传教士专住的宿舍,青砖上有特制的文字。抗日战争胜利后,1946年1月13日子夜,国民党在白蒲打响内战第一枪,此处为军调部淮阴执行小组在白蒲调停遗址。

长老会大门

中西结合式壁炉烟囱

中西结合式阁楼

左都御史府 蔡家园35号为清左都御史府——沈岐后裔故居,是始建于明天顺四年(1460)的古建筑,遗存至今尚有敞厅、堂屋、书房、内外天井、庭院等共3栋17间,以中轴线为准对称布局,前堂屋为排五柱加船篷走廊。后敞厅为排七柱,内设屏风及过道走廊。整个建筑为纯木结构,工艺精良,风格独特,高大庄严,不失官宦大家气魄。

敞 厅

侧 房

大门石鼓

吴氏书院 吴氏书院古建筑位于王家巷12号，修建于清顺治九年（1652）。门堂集砖雕、木雕为一体，并保存完好。此户共4栋9间，建筑不以中轴线为准，敞厅、堂屋均为排七柱，工艺精良，风格独特，平行的两座主体建筑左敞厅，右堂屋，门堂东侧有书房和附房，内外天井由青砖呈几何形铺就，庭院内设花圃，栽培奇花异草，宅主亦出自书香门第。

吴氏住宅门堂局部

堂屋木结构

天井

三门堂（郑氏住宅） 史家巷16、18号两户原为郑氏住宅，始建于明崇祯五年（1632），是如皋市古建名宅之一，"三门堂"保存完好。该宅以中轴线为准对称布局，敞厅为排五柱，内设屏风、堂屋、书房、过道、走廊、内外天井、花圃等，现仅存2栋8间。

二门堂

大门堂

侧门堂

徐氏敞厅 史家巷5、10、19号三户均为原徐氏住宅，始建于明万历四十年（1612），为如皋市古建名宅。该宅以中轴线为准对称布局，敞厅为排七柱，内设屏风及船篷走廊，两侧有过道走廊，堂屋为排七柱，另有书房、内外天井、花圃等，现仅存3栋10间。尽管住户主人几经变迁，但古建筑保存完好，传统风范犹存。

敞厅前船篷式走廊

门堂

屋山

吴氏宗祠 市大街200号为蒲镇吴氏宗祠,现仅存敞厅。吴氏为白蒲镇主要大姓之一,数百年来人才辈出。吴氏宗祠始建于清顺治十年(1653),原有门堂、祭奠敞厅、亲友聚会叙事厅、侧房、内外天井、庭院花圃等共4栋十余间。吴氏宗祠是如皋市保存至今为数极少的古建筑之一。

祭奠礼堂(家庙)局部(一)

嵌立于内墙的修缮石碑

祭奠祖堂(家庙)局部(二)

葆春堂大院 市大街178号,南魁星楼巷2、4、7号四户,原户主均为白蒲镇大中药铺"葆春堂"陈林二姓。大院房舍店堂,始建于明洪武十五年(1382),为商居混合性建筑,共5栋15间。葆春堂医药销售半径覆盖通州、如皋、如东三角地区,是白蒲镇的"大宅门"。

原店堂局部

敞厅门檐

雕刻荷花莲藕鱼虫花草的木架山柱

钱庄 典当行 古戏台 秀才巷8号的古建筑群,为如皋市保存基本完好的古代"金融类"古建筑,始建于明天启三年(1623),修缮于清雍正十一年(1733),共6栋25间,内设钱庄、典当行、古戏台、更楼(已毁)以及生活用房。旧时白蒲四乡民众都到钱庄、典当行交易,赴古戏台看戏。

钱庄、典当行门堂

观看堂会的敞厅

面北而立的古戏台

双进士宅 秀才巷11号的古建筑双进士宅,保存基本完好,为沈氏家宅,始建于明崇祯末年(1644),共3栋20余间,原建筑面积较大,以中轴线为准对称布局,一进三堂。该户荣称"双庆堂",因乾隆年间一门喜中二位进士,皇帝覃恩诰赐金匾"德门双庆"。

堂屋内

敞厅明式花格

诵经楼 南魁星楼巷4号砖木结构的木楼,建于明洪武十五年(1382),是当时户主砌建给女儿读书诵经的楼房。小楼坐南朝北,精巧华丽,正梁下有子梁,此为当地典型明代建筑的特征。

诵经的木楼南立面

诵经楼的横梁和楼板

吴氏住宅 佛氽桥巷6号为吴氏家宅,始建于明天启五年(1625),1栋3间,堂屋为排七柱,正梁下有子梁,为标准的明代建筑,堂屋花格门扇及两侧花窗均为明式几何形。

正梁下有子梁的标准明代建筑

堂屋花格门扇

朱氏木楼 秀才巷15号朱氏家宅,始建于清顺治二年(1645),1栋3间二层,砖木结构楼房,建筑面积148.74平方米。始建时因受土地、地形限制,天井

朱氏木楼东立面

仅2米宽。楼房主体建筑相当考究,一楼设有船篷顶走廊,精细雕刻各种图案,两封山为徽式防火墙,原貌保存完好。木楼墙体是用青砖、石灰、糯米汁调和砌建而成。

一楼明代船篷式走廊顶

明式木楼二层外部

"高大门" 秀才巷21-23号三户原为吴氏家宅,始建于明永乐十六年(1418),共3栋9间,纯砖木结构,精细雕刻成各种图案,为保存完好的典型明代民居。宅内建筑设施基本齐全,主体建筑相当考究。该宅原有高大庄严的门堂(已拆除),有敞厅、堂屋、书斋、花房、花圃、生活用房等,主人为书香门第,先后走出进士、举人数十人。镇人因该宅门堂高大,又出贵人,遂将该户尊称为"高大门"。

花房过道

敞厅

堂屋

"**双堂屋**" 秀才巷37号沈氏家宅，始建于明成化十二年（1476），3栋11间，现为3户居住。该宅因地制宜，异型砖木结构，至今保存基本完好。有内外大门、双堂屋、客厅、耳

双堂屋

房、厢房、厨房、走廊等，明清两代建筑特点比较明显，特别是主宅大院内花窗、花格、天井、几何形青砖地坪，凸显古宅风韵。

主宅大院

保存完好的花窗花格

清代木楼

沈氏敞厅 秀才巷59、63号沈氏家宅，敞厅、木楼等建筑始建于清顺治二年（1645），现分为3户居住。该院原以中轴线对称分布，一进五堂，大门堂、二门堂、三门堂、敞厅、堂屋、

木楼、两侧厢房等一应齐全。现仅存2栋7间,敞厅为排七柱木结构,墙体宽近40厘米,整个建筑抗震性很强,屋内铺设天花、架空木地板,屋面盖瓦,高屋脊,五出线,实封山。清代木楼为典型江南式全砖木结构,工艺精良,小巧玲珑,设计合理,使用率高,虽部分修缮,但木楼主体结构未改变。

小木楼内部

小木楼外部

俞铭璜、沈序故居

俞铭璜、沈序故居 俞铭璜、沈序故居位于白蒲镇林梓老街区南首,现林梓小学西部。其宅为晚清建筑物。

沈万四后代老宅 白蒲镇林梓街区的形成，起于明，盛于清，滞于民国。相传明洪武三年（1370）沈万三遭洪武帝迫害，其弟沈万四后代怕受株连，来此地隐居避难。沈氏在此招募游民，开荒种植，定居人口逐年增多，渐成小镇。此宅为后代延续所存，具有明清古建特征。

沈万四后代老宅

郑氏宗祠 郑氏宗祠建于清乾隆四十二年（1777）。郑氏原为白蒲镇大姓，明永乐时（1403—1424）郑氏迁居苏州阊门，六世郑伯龄又迁居白蒲。数百年来，郑氏家族人文底蕴深厚，仅明清时就有数十位达官贵人，江苏省图书馆有郑氏木刻家谱收藏。

郑氏宗祠石刻碑

郑氏宗祠门堂　　　　　　　门堂内屋架

除古建筑群外，白蒲镇还出土和保存了许多文物，主要有：

魁星楼宋代古井　　此井始筑于宋代，时与宋井齐名，井水清澈，数百年来从未干枯，传说井底为铜板。

魁星楼宋代古井

明代私家花园　　今白蒲公园是在原明代私家花园基础上扩建而成。公园小河环绕、园内有假山、小亭，还有数百年树龄珍贵树木二十余株，进园的百岁桥西尾一对明代石狮，移自原顾氏宗祠门前。

白蒲公园百岁桥

白蒲公园内景

白蒲公园内古树名木

法宝寺牌坊 始为法宝寺头山门牌坊,因特殊历史原因受毁,修缮时照原貌复建,古建筑格局未变。

法宝寺牌坊

沙氏祖墓园 沙元炳是如皋近代的实业家、教育家。120多年前,沙元炳先祖买下的这块坟地,占地5亩,位于白蒲镇姚家园村29组(原五码村11组)。1920年至1925年沙元炳多次来此祭祀。沙氏后人部分移居上海,第十八世孙沙振华、沙建华等已加入加拿大国籍,1999年和2000年先后两次回国到沙家坟园祭祖,两次立碑,纪念十二世祖至十六世祖。1950年中沙家坟园树木被伐,"文革"中沙氏坟墓受损,现有两座坟墓保存完好。

沙氏墓地

沙氏墓碑（一）

沙氏墓碑（二）

沙元炳墓

沙元炳墓 沙家茔地位于林梓老戴港河南侧，主茔为南北走向的长方形，占地约4亩。墓地有坟墓3座，高3米左右，三坟摆布呈三角形，各相距约4米。中间主位为沙元炳先生父母之墓，左侧为沙元炳先生之墓，右侧为沙元炳先生长子之墓。

清左都御史沈岐父母墓志铭碑石 白蒲镇沈岐官至清朝都察院左都御史，历经嘉庆、道光、咸丰三代皇帝，是三朝元老，为道光皇帝侍读。他办事公道，为官清廉，不畏权势，疾恶如仇，深得皇帝信任。他享有特权，在紫禁城内可骑马。查阅沈氏家谱，嘉庆、道光年间沈

皇帝赐御祭御葬碑

氏家庭中就走出进士3人、举人7人，家族中有25人经皇帝诰封为一品光禄大夫或一品夫人。道光皇帝屡次惊叹：一门之内七举贤书、三成进士，海内罕见无与伦比。沈岐父亲沈兰泉80岁时为五世一堂，道光皇帝恩赐拨建坊银，并御笔朱书"恩荣衍庆"四字。沈兰泉90岁时寿堂张挂3面匾额："一品当朝""五世同堂""九旬正寿"。（沈岐父母墓前花岗岩石牌楼于"文革"时期遭拆，现失散在松杨村15组的两块石柱上有阴刻铭文，一曰"一品名臣"，一曰"七旬孝子"。）

沈岐父母墓志铭碑石（现保存于法宝寺文史馆内）

刻有"一品名臣"和"七旬孝子"的两块石柱上有阴刻铭文

清郑大毅墓志铭碑石　郑大毅,字潜夫,号目耕。任山东济南同知。山东省当年多流寇,他到任后,即行诱捕,祸害得以消除。他带领民众兴修水利,疏浚河道,既利于灌溉,又利于粮食、货物的运输,并增加了官府的税收。郑淡泊处世,以疾告归。去世后皇帝御祭御葬蒲镇北,墓园中有牌坊、墓志铭等,均已受损,现保存于法宝寺文史馆内。

郑大毅墓志铭碑石和墓园部分祭奠石

清奉政大夫顾云墓志铭碑　顾云,字伯固,号北墅,乾隆甲子科(1744)举人,由内阁中书升吏部文选司员外郎,军机处行走,充方略馆提调官记名,以都察院监察御史用,清《白蒲镇志》载诰敕为奉政大夫,妻诰封为宜人。去世后葬白蒲东乡,有墓志铭留世。

顾云墓志铭牌

清中宪大夫姜宝珊墓志铭碑　姜宝珊,官山东补用知州,覃恩貤赠为中宪大夫。有墓志铭留世,葬于白蒲"三里楼"。

姜宝珊墓志铭碑

清六合仪征知县吴赤洪墓志铭碑

吴赤洪墓志铭碑

清州官姜章汉墓志铭碑

姜章汉墓志铭碑

沙元炳先生为儿媳何咏萱撰刻的墓志铭碑　沙元炳先生为儿媳何咏萱撰刻的墓志铭一方,现保存在村民吴建军家。长45厘米,宽43厘米。上存正楷铭文396字,铭文与《志颐堂诗文集》中所著文完全相符。

沙元炳先生为儿媳何咏萱撰刻的墓志铭

冒氏节孝坊 白蒲东姚家园兴修水利时出土冒氏节孝墓花岗岩墓石及坊石,原墓已废,现由法宝寺收藏。

冒氏节孝墓花岗岩墓石及坊石

墓志铭碑

"贞节两孝"横匾石碑

冒家牌坊 原林梓新陆村冒家庄东头有座"贞节石牌坊"。陈姓女子为冒氏守望门寡三十年。冒氏十五世祖冒元佐奉旨建坊。至今刻有"圣旨"二字的石块仍收藏于冒氏后人冒晓龙家中。牌坊由40厘米见方的4根石柱为立柱,井字中空处镶嵌阳刻"圣旨"二字,中间两根石柱上有一副楹联,上联为"卅载冰霜苦节全",下联失传。

"圣旨"牌坊

楹联石刻"卅载冰霜苦节全"

培园残碑　　道光甲申年（1824），林梓培园主人沈梅宅重修培园。重修培园残碑石现存林梓镇区沈建华家。

重修培园铭石

明清法宝寺高僧灵塔　　数百年前修建的法宝寺高僧竹堂大和尚、悟宗大和尚灵塔，现保存于法宝寺文史馆内，灵塔文字在"文革"中受损。

竹堂大和尚灵塔

悟宗大和尚灵塔

章峰墓志铭碑石 章峰（1764—1832），字云屏如城望族，善音乐绘画，少时在安徽担任过官府幕僚，后定居白蒲，终身未娶。他先后参加过法宝寺、北武庙、南北碧霞宫的修建。清道光十年（1830）白蒲乡绅公议，建文峰阁，章峰踊跃请缨，自任施工监督。因积劳成疾，不幸于文峰阁落成之日（1832年农历正月初一）谢世，享年68岁。白蒲人将之安葬在文峰阁下高丘之上，安葬之日，送葬者数百人，并立碑永载。

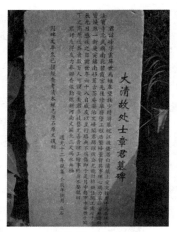

章峰墓志铭碑

明杨将军墓 明万历四十六年（1618）修纂的《如皋县志·古迹》载："杨将军墓在白蒲镇东荡中，跛牂牧其上，而鼓掌则其中隐隐若相应者，天阴雨露则远近闻鼓吹声。"清道光年间，仪征举人、安定书院山长吴铠，在《东皋咏古·杨将军墓》诗中写道："落日荒原衰草平，将军墓上碧纵横，无碑那辨秦何代，有姓奚嫌霍不名。在昔弓刀留胜烈，至今铙鼓发遗声，绝怜赌墅今银子，都付农人雨后吟。"墓处今杨家园。

和尚圆寂寿缸 收藏于法宝寺内。

和尚圆寂寿缸

古代墓穴"龙圹"弧形砖盖 古时大户人家墓穴"龙圹"顶盖,用苏南黏土烧制而成,棺椁搁圹内,棺木不易腐烂,部分实物收藏于法宝寺内。

古代墓穴"龙圹" 弧形砖盖

白蒲镇还有许多古树名木,为人们留下不可磨灭的历史印记。

古黄杨树 在白蒲公园内南隅,树龄约400年,这是清嘉庆初年,安徽东流县进士冯云路赠送给恩师时任该县知县吴渭泉的。冯云路将祖传的稀世珍宝——黄杨盆景以及亲书的《黄杨颂》两首诗赠送给吴渭泉。诗云:"原居山野迁入城,一年四季色长青。枝繁叶茂任意剪,随人心愿呈龙形。""风霜雨雪何所惧,严寒酷热不进棚。旧痕未愈添新伤,忍痛割爱献终生。"黄杨盆景由吴渭泉带回植自家花园内,1958年创建白蒲公园时,从吴宅征集移栽于此,生长至今,根深叶茂,树冠围圆20余米,树高4米,似蛟龙盘旋。

古黄杨树冠　　　　　　　　树内径支干

林梓古银杏树 树龄在400年以上，为明代南京北迁名人沈万四后代来林梓时所植，已列入南通市受保护的古树名木名录。

林梓古银杏树

沈桥古银杏树 为清初所植，已近300年，至今根深叶茂，已列入如皋市古树名木保护名录。

镇区古银杏树 该树生长在白蒲镇刘爱玲宅内，已传7代人，有近200年树龄。

沈桥古银杏树　　　　　　镇区古银杏树

"十大功劳"树 长于林梓街区的"十大功劳"树，俗称"鸟不宿"，已有200余年树龄。此树卵形叶边缘长着十根"刺"，叶又密，飞鸟不能在这种树上筑巢。该树常绿，叶面有蜡质，正面深绿，反面浅绿，生长十分缓慢，木质非常坚硬，叶可入药。

"十大功劳"树

法宝寺古枣树 此枣树原植于清顺治年间，已300余年，植法宝寺内，现根深叶茂，每年挂枣。

法宝寺古枣树

宜市宜居

独特的地理位置造就了半径较大的蒲镇集市。通扬运河、通榆公路贯穿镇中，水陆交通便捷。肥沃的土地资源、丰富的物产、厚实的经济基础促进了镇区民宅的建筑。加之苏南、安徽商人因经商而侨居蒲镇又引进了苏式建筑、徽派建筑，更促进了古镇民居款色的多样性。镇内街巷经纬联结、交错成群，又经历朝历代延续保存至今。2005年经南京工业大学建筑与城市规划学院测绘，制定了《历史街区保护规划》，其中核心保护区0.727 5 公顷（7 275平方米），建筑控制范围6.814 公顷（68 140平方米）。2015年经南通市规划设计院测绘，制定了《如皋市白蒲镇历史文化名镇保护规划》。

白蒲保存至今的古建筑群

白蒲镇以通扬运河为轴心。一河两岸建筑,依水傍岸,河网纵横交错,街巷互连,三桥连接,巷道中心以花岗岩麻石板铺设,既防滑又美观。两侧尽为深院大宅,都是砖木结构,黛色一片,古朴雅典。人们常将白蒲誉为"苏北的周庄"。

白蒲水陆交通便捷,在古代和近代都是方圆百里的商贸交易中心。白蒲街市早在唐宋年代就已逐渐形成,延续至明清更具规模,有各种商号五百余家,从商千余人,素有"贵白蒲"(又曰"银白蒲")之美称。

市大街、东大街是镇区两条主要街市。

市大街 乃白蒲镇中心大街,镇志中称之为"正街"。西依傍官河,南北长达1 500米,街宽约4米。街道中心用花岗岩麻石板铺设。石板上刻有各种吉祥图纹,两侧铺有碗口大小的卵石,既防滑又美观。大街两边各式店面,东西相向,鳞次栉比,不下数百家,都是青砖小瓦、砖木结构的平房或楼房。店面房与生活、生产用房相连,俗称"连家店"或"前店后坊",集经商、居家、生产于一体。较大商家一般建有两层小楼,上层临街开窗,可观街赏景,作家居或货栈用,也有作餐馆、酒家雅座。这些建筑群黑白分明、线条流畅、古朴典雅、结构严谨、重檐翅角、华美庄重。不少店面还搭建过街天棚,用以防雨遮阳。各店铺门面均为活动木料槿子门,晨开晚烊。店内柜台呈"一"或"L"型摆置,柜外留些空间,称为店堂,备有板凳,可供顾客休息。街上有经销杂货、百货、粮油、木竹、花行、水烟、茶叶、中西药、衣服、瓷器、金银等的众多商家。还有酒坊、糖坊、粉坊、豆腐坊等手工作坊。娄复兴菜馆、裕源昌杂货店、方永大茶叶店、葆春堂中药铺、万松记炒货店、三香斋茶干店等著名老字号,都在这条街上。每逢重大节日或庙会,市大街张灯结彩,灯火通明。耍龙灯、舞彩狮、踩高跷、荡旱船等各类沿街表演载歌载舞，所到之处，店家献茶敬烟、发送糖果，热闹非凡。目前，原有商店大多迁往新贸易区，这里已逐步改为居住区。

市大街中段

市大街北段

街道局部商居木楼现状

现存原店面木板门

东大街 位于蒲镇东侧,又叫东街头、东行巷,是蒲镇连接东乡的农副产品和日杂用品的集散地。老街道东西走向,全长近300米,与市大街呈丁字形相交,又与蔡家园集市自然相接。由于通扬运河的扩宽改道,商贸区西移,近几十年来东大街逐渐冷落,集市已不复存在,但街道建筑群遗风犹存。

东大街东段　　　　　　　东大街(东行巷)门牌

东大街保存至今的木板店门

白蒲镇至今还基本保留了一些颇有历史痕迹的旧巷,如秀才巷、史家巷、驷马桥巷、南魁星楼巷等。漫步长街深巷,当年轮奂俯仰之间已为陈迹,但前辈的流风余韵、硕德高风仍激励着蒲塘的一代代子孙。尤其是秀才巷,为如皋乃至南通的重要历史文化遗产,有着极高的历史研究价值,体现了深刻的历史文化内涵。

秀才巷 位于市大街东侧与其平行走向的秀才巷,是古镇历史文化最好的见证。自唐宋开科取士以来,蒲塘子弟"或历试而冠其曹,或连举而魁其榜",科场屡试屡中,故先人将此巷命名为"秀才巷"。秀才巷南北走向,原长300多米,宽3米,以乱石铺路,平坦坚实,历久不损。长巷两侧深院多为书香门第。当年蒲塘子弟黎明即起,书声琅琅,既昏不辍,秉烛夜读,蔚然成风。这样的读书环境和文化氛围孕育了蒲塘一代又一代文化名人,踏着乱石铺就的长长巷路,走出了多少名满海内的诗人、学者、达官贵人。仅清代中叶蒲塘儒林中脱颖而出者就有进士、举人、贡生、议叙、应例等百余人,在全国近20个省市中任职。

秀才巷南段　　　　　　秀才巷门牌

秀才巷北段

史家巷　史家巷南北走向,长百余米,宽3米,两侧尽为富贵大户,深院大宅,都是砖木结构,古朴雅典,华美庄重。史家巷住宅大门一律东西朝向,高2.8~3米。门楼内外有多层砖雕、木雕装饰,门槛甚高,有住户还设有装卸移动门槛。大门内称"门堂",并设有屏门,两侧有耳房。走过门堂映入眼帘的是影壁墙。影壁做工讲究,集砖雕、砖花、瓦盖之大成。绕过影壁进入天井。天井一般空间较大,地面以青砖呈几何形铺就,在适当位置栽植古树名木,两侧设有小花坛或放置四季常开、常绿的花草盆景。天井向里则为一进三堂主建筑(富商巨贾有的一进五堂)。堂屋(一般也称为客堂),供会客之用,内设十分讲究,有古色红木桌、椅、条桌、花架等家具,正中挂中堂,两侧挂字画,以显示主人的文化底蕴和爱好。客堂后侧设屏门,打开屏门又见内天井,穿过内天井即到敞厅,此为户主的正屋,建得更富丽堂皇、高大雄伟,内部斗拱花板,船篷走廊,画梁雕栋,结构严紧,建筑技艺高超卓越。敞厅地面一般用陶钵架空,再用正方形罗砖腾空铺设,起防潮作用,四周墙壁亦用上乘杉木板贴壁。大堂过梁四侧下方。张挂红木六角灯笼。敞厅一般为户主兴办婚丧喜庆事宜之用,有时亦为族人聚会处。过敞厅则达后屋或后厅,两侧多为主人居住之地。以中轴线划分的东西廊房大都设为生活用房、书房、厨房、草房等,一般廊房都有精雕细刻装潢的走廊,与过道相连,雨雪天四周互通不湿鞋。

史家巷住宅门窗

史家巷门牌

史家巷

驷马桥巷 据清《白蒲镇志》记载,白蒲东郊有河道相隔,人们去镇区都要绕道而行,十分不便。镇人吴帜先首先发出倡议,带头捐款建桥。然而不久吴家发生家难,经济困危,街坊们以为桥建不起来了,但吴建桥决心坚定不移,仍团结乡亲力排众议,他说:君子一言既出,驷马难追呀!大家响应吴的号召,全力以赴,终将桥梁建成。人们为纪念吴帜先建桥的诚意和决心,遂取"驷马"二字为桥名。后来河道淤塞,桥不复存在,人们仍将桥旁形成的长巷敬称为"驷马桥巷",两侧房屋皆为古建筑,至今已有数百年。

驷马桥巷

驷马桥巷门牌

驷马桥巷路牌

南魁星楼巷 清《白蒲镇志》载名"司巷",在白蒲镇上贞殿北侧,是白蒲镇划分州界、如界的一条界巷,现名"南魁星楼巷",因巷子的东头在清代建有魁星楼而得名。魁星楼坐东朝西,一楼一底。底层是行人过道,朝东有拱形砖门,门顶上有"聚魁门"三字。楼上最西边有半人高的木栏杆,斜阳西照,甚是敞亮,真可谓"西山爽气"。魁星楼塑魁星,面目狰狞,金身青色,赤发环眼,头上长有两角,仿佛是"鬼"的造型。魁星右手握一管大毛笔,称朱笔,意为用笔点定中举人的姓名,左手持一只墨斗,右脚金鸡独立,脚下踩着海中大鳌鱼的头部,意为"独占鳌头",左脚摆出扬起后踢的样子,以求在造型上呼应"魁"字右下的一笔大弯勾,脚上是北斗七星。古时读书人拜魁星,祈求在科举中榜上有名。南魁星楼巷是连接市大街与秀才巷的重要通道,3条街巷呈"H"型。

南魁星楼巷西段

南魁星楼巷东段

南魁星楼巷中段

这些古街旧巷虽历经风风雨雨，住户几经变迁，原先的格局受到严重破坏，但传统建筑风格犹存，若稍加修缮不难恢复原貌。

白蒲的土特产和小吃也很有特色，主要有白蒲茶干、白蒲黄酒、林梓潮糕、蟹包鱼腐、姜丝肉等。

白蒲茶干 白蒲茶干，古名"菽乳干"，始于清康熙年间，距今已有近300年的历史，南通图书馆收藏的清道光年间编纂的《白蒲镇志》中对白蒲茶干有颇多赞美之词："蒲镇菽乳干为绝品，通称茶干，言可佐茶饮也，四远知名本斋固有不传之秘，亦于镇中水土相宜。尝分铺崇川，所作终不及此地味美。"

乾隆御笔"只此一家"的匾额

茶干传统包扎

茶干旧作坊

清康熙丙子年（1696），浙江湖州屠姓人士来到白蒲，在北街开了一家店号为"屠三香斋"。这家店所制茶干工艺精细、色味俱佳，很有特色，美名四扬，被誉为"白蒲一绝"。相传本地官员将白蒲茶干进贡，请乾隆皇帝品尝，龙颜大悦，亲笔书写"只此一家"的条幅，以示褒扬。屠氏得此御笔，即制成金字招牌，立于店堂。从此，白蒲茶干声名大扬，驰名大江南北。人们提到白蒲茶干就知道"白蒲"地名。白蒲"三香斋茶干"制作工艺于2011年获批为江苏省非物质文化遗产。

白蒲黄酒　白蒲镇历史悠久，位于通扬运河两侧，地理位置独特，土壤优质，居民有良好的居住条件，特别注重生活规律、起居、饮食文化、烹饪技术等。蒲镇长寿食品较多，久饮不衰的白蒲黄酒便是其一。

白蒲黄酒传统工艺

酒的历史在江苏可追溯到6 000多年前的青墩时期，酿酒工艺亦可追溯到公元前。州志、县志中均有蒲镇黄酒、冰雪陈酒的记载。清道光二十一年（1841），镇志载"酿酒用雪水、茶米、面曲是谓雪酒，陈数年者尤佳"。浙江张姓迁居蒲镇后，见当地水质好、河运方便、市场大，即在蒲开办糟坊酿制黄酒，至七代传人张正清继承黄酒原始生产工艺近40余年，子张万珍为白蒲黄酒第八代传人，继承父业，随父学艺，一脉相传，坚持原始工艺，一直研究黄酒的酿造技术，生产米酒、陈元酒、蜜酒（统称黄酒）。自1956年公私合营后到2002年，张万珍担任白蒲黄酒技术总监兼黄酒厂厂长，他在继承祖辈黄酒酿造传统工艺的基础上，又独创了黄酒生产"二次喂饭法""大罐后酵养醅法"的新工艺、新技术，获"中国黄酒博士"荣誉称号。张万珍之子张斌继承酿酒技术，任白蒲黄酒有限公司总经理。1988年以来该公司获国际、国家级别奖和银奖三十余次。"白蒲黄酒"酿酒工艺于2009年获批为南通市非物质文化遗产。

林梓潮糕　《江苏名菜名点》载文："林梓潮糕以粳米为原料，舂成米粉，拌白糖、桂花、松仁，使荷叶垫笼底，制成圆形糕坯，水蒸而成。此糕出笼不粘手，久放不落屑，香而不浊，甜而不腻，柔软爽口，风味纯正，既是可口的点心，又是馈赠亲友的上乘礼品。"

随着人民生活水平的提高，林梓潮糕现今在配料和制作工艺上作了相应的改进。在品种上增加了夹心糕、中型糕、小型糕。夹心糕的配料有松仁、葡萄干、蜜枣、山楂、果仁等。

1991年5月，中央电视台将林梓潮糕作为我国的特色产品在《今日中国》栏目向全世界予以介绍；1992年5月26日，《新华日报》刊载《久负盛名的林梓潮糕》后，林梓潮糕的制作工艺又被收入中国今日农村大型系列丛书的《中国今日农村的传统工艺》。2009年，林梓潮糕制作技艺获批为南通市非物质文化遗产。

林梓潮糕传统工艺

蟹包鱼腐 蟹包鱼腐，也叫蟹黄鱼圆，是白蒲特色菜肴之一，大而鲜嫩。鱼腐用大青鱼去皮去骨去红肉，用刀剁碎或用绞肉机绞碎，配以脂油加葱叶调味，再将乳化的鱼肉以手捏成小丸，塞入蟹肉、蟹黄、蟹油熬制的馅。小丸从手虎丫中冒出，用勺划到大锅冷水中成形。鱼丸浮在水面，锅满加热，鱼丸即涨成大鱼腐。

德国总理默克尔在南京金陵饭店品尝白蒲蟹包鱼腐后赞不绝口。蟹包鱼腐在各类国际、国内食品展销会上多次获奖。

蟹包鱼腐制作技艺于2013年获批为南通市非物质文化遗产。

蟹包鱼腐

姜丝肉 白蒲名菜姜丝肉的制作历史可追溯到明清年间，这道菜传承至今已成为白蒲镇家喻户晓的美味佳肴，是白蒲传统名菜之一。特别是立秋后，各户凡来宾客至亲好友，餐桌冷盘中都少不了它。白蒲大小饭店、宾馆均有此菜供应。

白蒲长寿食品——姜丝肉

姜丝肉是将生姜、小猪里脊肉、酱甜瓜切成丝（三丝配合有一定的比例），烹饪中加黄酒、白糖、酱油、精盐、味精、香油、生粉等佐料制作而成。姜丝肉色、味、香皆全，食用方便，营养丰富，是食疗与菜肴的有机结合。姜丝肉亦是功夫菜，餐桌上人们品尝白蒲黄酒，佐食姜丝肉，大快朵颐。作为白蒲特产的美味佳肴，姜丝肉以其有助健康长寿的特色闻名于维扬地区。姜丝肉制作技艺已获批为如皋市非物质文化遗产。

在林梓镇街区有一条红木街，专门销售林梓本地生产的红木家具和红木小件。

传统红木雕刻技艺 继承于明、清年代当地雕刻艺人，其工艺在新时期更加发扬光大。林梓传统木雕工艺，原材料一般是优质硬木或东南亚的进口红木，色泽好，花纹美，木材纹理上乘。工艺流程为：开脯—配取毛料—刨料—绘稿—鉴切—初脱成型—铲削修光—平地侧空—刮磨—掘细刻纹—组装修接—生坯砂磨—灰件上色—擦清上蜡—验收包装等。如今又辅以现代科技，以电脑编程数控雕刻半成品，大大提高了生产效率。创意上推陈出新，与黄金、珍珠、水晶、书画等相关艺术嫁接，提高了艺术品位。林梓木雕早年以老艺人带徒传艺为主，主要从事白木（本地产各种木料）雕刻。1982年，奚斜职中创办木雕工艺班，培养了一批木雕工艺人员。1983年组建红木雕刻厂，生产以珍稀紫檀木、花梨木、鸡翅木等为原料的红木工艺品。艺人水平不断提高，刀法日见凝练干净，他们能因物择材，因材构思，或寄情于动植物，如飞禽走兽、花鸟虫鱼、瓜果时蔬，其中尤以雄鹰展翅、孔雀开屏、熊猫啃竹为最；或取材于人物，无不栩栩如生；如《三国》《水浒》《西游记》《红楼梦》四大名著人物，形神兼备，呼之欲出。陈洪生创办的南通华星木业有限公司，工艺精品不断出现，提高了社会声誉，得到国家有关部门领导的赏鉴。1999年为纪念孔子诞辰2 250周年，公司为首部黄金版《论语》装帧，成品被联合国永久珍藏；装帧的黄金版《周易》，获"吉尼斯世界之最"称号。陈洪生现为中国红木委员会副会长、中国工艺美术家理事、高级工艺美术师、中国苏作红木文化传承大师、如皋市红木商会及工艺美术学会会长。南通华星木业有限公司被列为中联部礼宾司"国礼"指定生产商、国家博物馆指定艺术品生产商，公司产品获评中国"苏作"红木文化传承品牌。林梓传统红木雕刻技艺于2011年获批为江苏省非物质文化遗产。

红木雕刻车间

红木雕刻样品

1999年11月，联合国秘书长安南和中国外交部长唐家璇在《论语》赠送仪式上

高丽巾　百年以前，白蒲生产的"高丽巾"也曾名扬海内外。据姜平先生所著《南通土布》一书记载，20世纪初，我国东北安东逐渐成为中国出口朝鲜布匹的重要口岸。当年白蒲镇出产一种小牌关庄布仿造的洗脸毛巾，这种用棉纱提经梭织、纬呈罗状而凸起的提花织物，原名"高丽布"，泊自高丽国（古朝鲜），一度流行于上海地区，后传入崇明，但以白蒲、陈桥一带为盛。后经安东帮商人销往朝鲜，为该国民众所乐用，产品因之畅销，故称"高丽巾"。此后高丽巾演变为关庄布商人促销新牌的标志性赠品，一度行销大江南北。高丽巾的经纬均采用手摇纺车单锭纺成粗纱，捻度均匀，含水量大，且原棉纤维略曲而富弹性，能承受较大的拉力，故以坚牢耐洗、价廉物美赢得市场欢迎。凡茶馆、酒店、旅社、浴室以及家庭、店铺，无不乐于购用。白蒲镇的农村纺织业因其特色产品高丽巾而后来居上，跻身通海地区五大乡村织布中心之列。而昔日北来的旅客和商贩凡达通境，必先经白蒲，故白蒲渐成为土布与高丽巾传统市场。至20世纪80年代，高丽巾仍作为地方土特产流传不衰，销售于南通各日杂品商店。南通纺织博物馆的陈列橱窗里，展示部分高丽巾藏品，它见证着中朝人民友好交往史的一段佳话。

　　因交通便捷，商贾兴旺，白蒲也成为方圆百里的教育中心。白蒲小学和林梓小学都是声名远播的百年老校。1950年创办的白蒲高级中学也以其鲜明的教学特色和优异的教学质量获得教育界的一致好评。

白蒲小学　清王朝末年，国势衰退，外患频仍，戊戌维新运动在全国范围内掀起高潮，"废科举，倡新学"成为当时的一股潮流。光绪二十八年（1902），在白蒲绅董沈来宽等人的倡导下，办起蒲镇白蒲公塾。光绪二十九年（1903），在公塾的基础上创办了白蒲小学校，称为"南校"。光绪三十三年（1907）创办了白蒲第一初等小学校，称为"北校"。1949年，

白蒲小学

白蒲镇南北两校合并。白蒲镇的小学教育历经首创、发展、抗战受挫等阶段。中华人民共和国成立后,人民政府大力发展教育事业,小学教育发展中出现过黄金时期。中共十一届三中全会后,白蒲的小学教育又逐步走向正轨,并通过九年制义务教育验收。白蒲小学现为江苏省实验小学,获得过省、市诸多荣誉。小学生花样跳绳曾获世界冠军。

1902—1903年创办白蒲小学校的两块源流古碑

附：
白蒲小学校清光绪二十八年创建古碑碑文
永垂不朽

钦加三品衔在任候选道候补府江南通州直隶州正堂加四级记录四次汪为示谕事照得光绪二十七年五月间，朝廷因时事多艰，人才难得，诏郡邑遍设学堂，振兴实学。本州承：

大府命级级以图之。适有监生吴承颐者率其侄监生吴尊堂吴廷扬来州禀称，白蒲镇之法宝寺管业田房皆故祖原任山东盐运使吴麓赎回。再得主持僧玉泉、逸庵以余力添置，渐臻充裕。今与主持僧印月商酌，拟析其半充白蒲镇公塾经费，请立案饬查、给示勒石等情，本州喜见其理之明，赴义之勇，深为许可。当令该镇保甲董事候选训导沈来宽等确切查议。旋据沈来宽会同候选巡检沈枢文、捐职同知郑之溱、捐职国子监典籍吴宗范查明，该寺实在田房租息分别拨留，开呈细数，并议开设公塾章程禀覆前来。查该寺有屋外余地一方及坐落通州境内田三百伍拾一亩三分六厘、市房一所、又坐落如皋县境内田八十六亩。其租息除米草不能预计外，岁可得钱五百二十千文。据请以州境田一百五十八亩八分三厘、市房一所、县境田十八亩五分共租息钱二百三十九千九百文，拨充公塾经费。留州境田一百五十五亩三厘地一方、县境田四十一亩五分，共租息钱二百七十六千八百文及县境米租田二十六亩、州境草息田三十七亩五分，为寺僧用度，日后寺产或有变故，仍归公塾，不作别用。本州察核所议尚属妥洽，除批准立案并抄设塾章程出示晓谕外，合将寺产拨为公用，缘由撮叙大略，昭示将来。

为此示给公塾首事及法宝寺主持各执一通，摹勒上石，另单开列数目，亦附示后植立于塾中、寺中。庶后人知所遵守，特示。

计开：

座落州境七里庙田五十八亩三分三厘，每年租钱七十千文。

六了港二十一亩三分五厘，每年租钱二十一千三百文。
叚头桥二十九亩一分六厘，每年租钱四十七千六百文。
座落县境蚊子港桥草田十二亩五分，每年租钱十千二百文。
六里墩田四十一亩六分六厘，每年租钱五十千四百文。
丁家窑后田六亩，每年租钱八千文。
白立港桥田八亩三分三厘，每年租钱八千四百文。
又座落本镇南石桥市房一所，每年租钱二十四千文。
计共拨归公塾田一百七十七亩三分三厘内。
右谕通知
光绪二十八年四月二十九日示
告示发白蒲镇公塾首事勒石

白蒲小学校清光绪二十九年创建古碑碑文

永垂不朽

钦加盐运使衔补用道江苏候补府署理江南通州直隶州正堂加十级记录十次王为给示勒石事按查接管卷内光绪二十七年据白蒲镇监生吴承颐等禀请将伊祖已故山东盐运使吴麓所施州境法宝寺田产及所建庙室设立公塾，呈送碑文印簿。查系故都御使沈歧父猷倡首赎回庙田共八万三千步。当经汪前州谕令，该镇董事沈猷元孙试用训导沈来宽等议覆，旋据查明除碑产外尚有各前僧自置田八十七亩，又丁盛先施田六亩，请以庙租十中之四及市屋一所作公塾经费，留十之六并分收田六十三亩为该寺供众香火之资。并禀明另购房屋声请所留各产除公塾外不准他拨，均经批准，给示勒石在案。兹据该镇州籍士民试用训导附贡生沈来宽、监生冯昌禄、附贡生曹钟元、五品封职太常博士廪贡生沈师文、廪生沈觐文、候选巡检监生沈枢文、附贡生沈舒文、附生沈官文、五品衔候选县丞监生沈来宜、附生陈彬、同知衔监生沈来荫、附生沈来清、如籍士民同知衔拣选知县举人顾应宗、光禄寺署正衔附贡生顾伟宗、光禄寺署正衔候选教谕顾承谦、内阁中书举人姚锡偓、光禄寺署正衔廪贡生顾绳宗、增贡生刘益、蓝翎盐提举衔太常寺博士贡生郑之溱、举人丛振宗、附生徐森、附生吴宗藩、盐提举贡生郑鸿诰、国子监典籍衔监生吴宗范禀请将所留法宝寺租息收归开办通如寻常小学校，留出六十三亩为该寺僧人饭食香火，并撤去供众之费。又经查明，该镇州境另有护国寺僧人全故将庙田拨归学校，并据顾启宗、顾承谦、沈师文请以已停文社租息(内州境文峰阁租九十三千六百文、如境文昌宫租二十三千二百文)附归学校，所有不足之款另行筹募等。因查开办学校为现在第一要务，业经分别批准，通详立案，惟现有产业非给示勒石不足以垂久远而杜侵吞。合将该职等所呈已定产业照后开数目，先行勒石，俾众咸知。该学校执事等具有责成其各永远遵守毋违，特示。

计开光绪二十八年拨定各户：

一座落州境七里庙田五十八亩三分三厘，每年租钱七十千文。

一座落州境叚头桥田二十九亩一分六厘，每年租钱四十七千六百文。

一座落州境白立港桥田八亩三分三厘，每年租钱八千四百文。

一座落州境六里墩田四十一亩六分六厘，每年租钱伍十千四百文。

一座落州境六了港田二十一亩三分五厘，每年租钱二十一千三百文。

一座落县境蚊子港桥草田十二亩五分，每年租钱十千二百文。

一座落县境丁家窑后田六亩，每年租钱八千文。

一座落本镇州境南石桥私房一所，每年租钱二十四千文。

计开现在拨定各产：

一法宝寺座落州境七里庙田五十四亩一分六厘，每年租钱七十一千六百文。

一法宝寺座落州境六了港田四十三亩七分一厘，每年租钱六十千八百文。

一法宝寺座落六了港草田二十五么，六里墩十二亩五分，砍草。

一法宝寺座落州境六里墩田三十二亩一分六厘，每年租钱四十七千六百五十文。

一法宝寺座落本庙外田三亩地一方，每年租钱八千八百文。

一护国寺座落州境壜头桥南首田三十六亩，每年租钱四十一千文。

一法宝寺座落县境佘家楼田二十六亩，分收。

一文社内文峰阁项下座落州境韩家桥田十六亩，每年租钱十千四百文。

一护国寺座落县境白蒲西北王家坝田三十四亩，每年租钱三十九千六百文。

一文社内文峰阁项下座落县境顾家应田二十二亩。每年租钱二十六千八百文。

一文社内文峰阁项下庙外地租三处，每年共九千六百文。

一文社内文昌宫项下座落县境桥子口田八亩，每年租钱八千八百文。

一文社内文峰阁项下座落州境王家坝田五亩，每年租钱六千四百文。

一文社内文昌宫项下座落县境桥子口田九亩，每年租钱十千四百文。

一文社内文昌宫项下庙旁田屋，每年租钱四千文。

一文社内文峰阁项下座蒋家荒场田六亩，每年租钱九千六百文。

一文社内文峰阁项下座落州境瓦房一所，每年房租十六千文。

一文社内文峰阁项下座落州境郑家店西首田十一亩一分,每年租钱十四千四百文。

共租钱陆百式拾伍仟柒百伍拾文。

右仰知悉

光绪二十九年九月初五日示

告示

发白蒲小学校勒石

(杨春和抄录整理)

林梓小学　林梓小学是清末举人陈其嘉于光绪三十二年(1906)二月创办的,当时称"林梓初等小学堂",地址位于林梓镇北巷中段北侧真武殿内。自创办以来,林梓小学历经百年风雨,事业规模不断扩大,为林梓地区培养了大批人才,成为省内外知名学校,曾多次荣获省级以上荣誉。该小学校现为江苏省实验小学、江苏省家庭教育研究会"实验学校",同时还是全国妇联全国流动人口子女农村留守儿童"示范家长学校"、联合国儿童基金保护受流动人口影响儿童权利项目"重点实验学校"。

林梓小学1951年建古典式校门

联合国儿童基金会官员与省、市、县干部慰问林梓小学留守儿童

白蒲高级中学 江苏省白蒲高级中学始建于1950年春,校址系唐代法宝寺故址,占地10.65万平方米,建筑面积5.3万平方米。有大教学区楼群、实验楼、办公楼、餐厅楼;有400米橡胶跑道和自动喷灌草坪的体育场、舰船式体育馆、学术报告厅和一批学生公寓楼;有标准图书馆、宽带信息网络中心、TV演播中心、多媒体教室等现代化设施。2001年被评为"国家级示范高中",2004年被评为"江苏省四星级高中",全校现有58个教学班,3600多名师生员工,其中教职工230人。具有中高级职称的教师近200人,其中全国优秀教师、国家级骨干教师、江苏省特级教师、南通市及如皋市名教师、学科带头人、骨干教师、教坛新秀30多人。历届毕业生中,在祖国各地任工程师等中级职称以上者达1200多人,其中具有高级职称的有数百人之众,其中突出者有:武汉海军工程学院教授、流体力学教研室主任、全国优秀教师郑学龄将军;中国作家协会会员、中国古典文学教授徐应佩、顾启等;上海电影制片厂高级美术设计师、中国当代著名画家冯健男;福州军区戴顺祖少将和空军第三研究所高级工程师、空军优秀科研人员、首批空军拔尖人才江华少将等。

白蒲高级中学校园内景

办学60多年来,白蒲高级中学形成环境育人、德育为本、科研为先、注重素质的办学特色,1997年以来教学质量一直名列南通市前茅,多年获得江苏省、南通市高中教育教学质量综合类奖励,蜚声江海,驰名省内外。

寺观棋布

古白蒲虽弹丸之地,但宗教文化源远流长,自唐代以来有各种寺、观、庵、庙、教堂40余处,香火十分旺盛。

道 教

唐朝道教兴盛发达。唐朝王室自称为太上老君后裔,奉老子为"大圣祖玄元皇帝",还以《道德经》为科举考试的科目,又敕令各地大建宫观。白蒲地域虽小,但至清代、民国时期,蒲镇就有道观十余处。

佑圣观 佑圣观俗称上贞殿,在原白蒲市大街五世坊北东侧,故址尚存,为如皋市文保单位。佑圣观建于唐朝贞观二年(628),正殿西向。北极真武大帝居中,南边供奉雷祖,北边供奉龙王,取"水火既济"的意思。观内还有张仙祠、八蜡神祠、通明宫、蓬莱岛。每年正月十五、十六两天设坛祭祷,供斋醮神,通宵都有人前去敬香。大殿前庭院中的两棵大银杏树为唐代所植,树围2米多,树梢上常有鹤、鹰等各种鸟类栖息,1951年被砍伐,做了工人夜校的学桌凳。据清道光《白蒲镇志》载,观中道人多享高寿。始祖陆迪生,如城镇人,只身到白蒲来修建殿宇廊房。后有彭秋宾、彭一鹤兄弟俩同时入道,分为两房,在观中40多年。道士季茂林善工书,钱瑞波善画。道光十八年(1838),道士朱真传又募修,使道观面貌一新。1949年,观内设青年俱乐部,后改为文化站。2000年后,观内部分房屋设为棋友活动室。

南碧霞宫 南碧霞宫原为宋代貊貔庙,明时曾叫"崇庆寺",山门南向。后来僧人脱凡将它改为三元宫,敬奉上元(天官)、中元(地官)和下元(水官)。庙最北面有二丈多高的土山,称"永安山",后来又被称为"奶奶山""南泰山",山上建碧霞元君祠。每月初八、月半、二十五是香期。康熙五十七年(1718),地方上募捐,进行了一次大修。人们"远近云集,士女乐输。或捐金以资工力;或输粟以供僧厨;或敛材以置山田;或施产以供灯火。踊跃争先,共襄盛举",使"庙貌维新,金容复整"。南都天宫附属于南碧霞宫,门前即南空场。殿内供奉金容大帝。每年五月十八日,为都天生日,碧霞宫举办出会活动。镇上如有人因难产而死,便要请僧或尼到山上撞钟七七四十九天(日夜不停),叫撞"阴冥钟",来超度亡灵。当人们听到山上撞钟不停,便痛惜地说:"有人难产死了。"南泰山最后一位主持法号士信,一小和尚名根元。1950年左右,曾在大殿的屋脊上搭瞭望台,以防国民党军的飞机来袭。历时一年,便拆除。1952年,拆除南泰山大殿,铲平土山,拆除南都天宫。一片空地成为白蒲小学操场。

北碧霞宫 白蒲人称北泰山,山门西向。相传"唐咸通二年建"。该庙原为"五司徒庙",后来改为碧霞元君祠。后殿建在土山上,供奉碧霞元君和药王菩萨。土山比南泰山矮得多。山上殿前有两棵大银杏树。铜钟与南泰山相似。大殿的横额书"泰山北斗"。开始为道士观,后由和尚当家。北碧霞宫前殿为地藏殿,供奉地藏王。白蒲民间传说,他是救度一切众生的菩萨,他普度穷人,连裤子都送给人穿,自己无法，只得藏于地下，故而受人敬爱，香火很盛。北碧霞宫地藏殿发签，有签书。地藏王像北侧朝南，有一尊眼光娘娘塑像。地藏殿北有一院落，是元帅行宫，内供赵公元帅神像（即财神）。每年正月初五，香火鼎盛。镇上如瘟疫流行，还请其出巡以除瘟疫。

茶庵殿 镇南官河西岸的路边，原有圆顶小草屋。夏天，行善事者在此为路人免费供应茶水。镇人姜承周拆除草房，盖起十多间瓦屋，这些瓦房后成为尼姑的庵堂。庵堂山门西向，当路的门楣上书"茶庵殿"。院内有三间朝南正殿，供奉"文昌""关帝"诸神，其中有"坐"韦驮、"站"关公塑像。正殿两旁，有两个对称的小院落，正殿后是一荷花池。正殿直南十余丈处，便是文峰阁，阁身围在茶庵殿的院墙之内。姜承周的儿子姜肇姬经常对此处房屋进行修葺。

文峰阁 康熙四十九年（1710），镇人提议在白蒲建文峰阁，但未能实现。后姜化龙与顾云向通州申请，修南石桥时，同时建文峰阁。当时，已获通州府批准，因经费不足，又未能实施。数十年后，镇人杨药坪、沈嵘等再议建文峰阁，因通州有人阻挠而发生诉讼，一直到道光十年（1830）文峰阁才建成，同时又整修了古茶庵殿。文峰阁的阁基是一砖砌方墩，高一丈多，墩北有砖阶十多级。墩顶地面也用砖铺，四周砌有栏杆，高半人许。墩前东北、西北角有两棵银杏树。阁建在墩的中央，两层方形，底层南北各开一拱形门，登阁的梯子设在东侧，阁上供奉魁星神像，梁上有小匾，上书"奎垣"二字，意为魁星的官署。四周砌着半墙，上设旧式格扇。文峰阁正对通扬运河，河流到文峰阁前，便折向东至新河湾（蒲塘十景之一），此处风景极佳。当年，白蒲众多文人到此登阁吟唱，留下了许多美好诗篇。1914年间，白蒲乡第五初等小学校借用文峰阁办学。1934—1937年间，茶庵殿、文峰阁景区改建为中山公园，部分房舍用来增办文峰初小。

1938年以后，战事频发，此处多次驻军，院墙、殿舍、阁基被逐渐拆毁。1944年，文峰阁彻底毁于战火，仅剩一座土墩，土墩北侧建一排教室，为文峰小学。最后一位观主是由佑圣观迁来的张桂元。1969年，疏浚通扬运河时，土墩废，文峰阁遭毁。2011年，民众在河东小范围复建部分建筑。

南魁星楼 南魁星楼在司巷（今魁星楼巷）东首，一楼一底，西向。楼东边有城门一样的拱形砖门，上方有"聚魁门"砖刻。楼下过道南墙上有凹进的砖砌化纸炉，上方有"敬惜字纸"四字。

北魁星楼 在北街育婴堂的北边，为南向一座当街楼。朝北为砖砌门楼建筑，叫"里仁门"。

南、北魁星楼于新中国成立前夕皆被拆除。这两座楼上供奉的魁星为主掌文章兴衰的神。白蒲人重视读书，对魁星、文昌皆顶礼膜拜，祈求保佑自己或家人能在科举考试中榜上有名。每年农历七月初七及重阳日，蒲上文士皆至魁星楼祀魁星。此传统延续至今，当今法宝寺亦塑有魁星像，每逢高考、中考，家长们焚香点烛，虔诚祈福，盛况空前。

城隍庙 白蒲城隍庙在东方桥南、法宝寺东北处，今白蒲中学文津桥西北，是一所先道后僧的庙宇。城隍庙建于明代，庙门东向，进得庙门，有一大天井，朝南三大间正殿，殿后又有三间房屋，为城隍娘娘的寝宫，还有坐东朝西的东厢房数间。大殿正中供奉城隍塑像，为敕封通州"灵应侯"，两旁有皂隶像，并陈列刀枪剑戟和"肃静""回避"的牌子。两旁立柱上的楹联为"云从雨势黑漫天地不多时，雪逞威风白占田园能几日"。大殿后为寝宫，寝宫东西两房里床、铺、帐、被、各式家具俱全，打扫得纤尘不染。正中一间供奉城隍老爷与城隍娘娘并座神像，旁塑送子观音及其他菩萨。旧时，庙里有住持一人、道人三人、客司二至三人。每逢城隍出会，四面八方的人都上街赶热闹，大街上人山人海，各家店铺的柜台上都趴着人，小孩则骑在大人肩上。出会的队伍经过大型商店时，商家设置供品，燃放鞭炮，队伍停下后，随即进行表演。白蒲城隍出会，最后一次在20世纪40年代。1950年，毁法宝寺办白蒲中学，城隍庙内神像也一并砸毁，庙舍归白蒲中学使用，城隍殿做饭堂，东厢屋做了厨房。最后一位主持法号土信，还有小和尚普愿等数人还俗。

南文昌宫 文昌宫又名"梓潼殿"，为道教庙宇。南文昌宫在南泰山前，殿宇不多，处地僻静，香火不盛。在清道光年间重修过一次，宫中有"文昌帝君宝诰"，为戴懋元书写。民国二十三年（1934），蒲南警察分局从南武庙三义阁迁至这里西半部办公，巡官为戴福清。该处东半部三间斋房改为蒲南镇育婴堂，神像全部迁出。日伪时期文昌宫房屋被拆除，建了碉堡。

北文昌宫 四边环水，由小空场向东穿过一条夹路即达。山门西向，大门南向。正殿供奉的梓潼帝君，是主宰功名利禄的神。东边是华王殿，供华佗像。每年正月十五日夜，文昌宫张灯最盛。乾隆年间，有一位叫缪史佩的女子手工制作的贴绒画六角形灯屏，制作精美，前来欣赏的人很多。嘉庆乙亥年（1815），南京凌芝泉任宫中住持，将北文昌宫改名为"紫薇道院"，将道房改名为"来鹤轩"。丙子年（1816）元旦，镇上许多文人雅士聚集在宫中吟咏唱和，季霞客当场挥毫绘《仙馆迎年图》。当时宫中道士陆文仙请凌芝泉写诗，凌当即写下一首七绝赠陆，诗云："一片云帆泛海霞，蓬莱小住且为家。只因梳个双丫髻，卖与仙人扫落花。"此诗在白蒲传颂一时。道光庚子年（1840），该处重修过一次。后逐渐衰落下去。1917年，经如皋县教育局批准，在此建立如皋市第三国民小学校（俗称东校）。1934年改东校为如皋县白蒲区民众教育馆。日本侵略军占领白蒲期间，学校被完全拆除，只剩一片瓦砾。如今这里已成为居民聚居地。法宝寺复建时亦塑有文昌神像。

  林梓真武殿 民国《如皋县志》载："真武殿在林梓镇，唐贞观年间建，光绪年间改为初等小学校。"而林梓人相沿称为"祖师庙"或"祖师殿"。此殿坐北朝南，位于北巷中段，东北与茔墩隔水相望，西北与北花园紧连。院中银杏树为千余年来林梓的著名奇观。同治《如皋县志》载："真武殿在林梓镇，唐贞观年间建，殿后有银杏一株，高数十丈。"现今古稀之翁，忆起此树均历历在目，赞不绝口。银杏树主干粗大，需十几人牵手才能围住，很多树根盘根错节露出地面。主干自地面向上十米处，六根分枝直指云天。解放战争期间，国民党交通警察大队据树顽抗，我军猛攻一日未能奏效，后用炮轰，才将树上架枪顽敌击溃，然银杏树仅伤皮毛，可见此树坚实之至。古树历尽风霜雨雪，虽经数千年变迁依然高大挺拔，枝荣叶茂。登至树巅，极目远望，不仅林梓尽收眼底，就连白蒲镇部分建筑也依稀可辨。1952年因需修建林梓木桥（原镇北设于通扬河上之木桥），将该银杏树砍伐出售，变资修桥，千年古迹毁于一旦。真武殿因树而出名，历来香火不衰。庙为四合院，除正殿供奉真武大帝外，其余各殿内儒、释、道三教，神、仙、佛皆有塑像。遍览各殿，如来踏莲花、关羽骑赤兔、孔丘捧春秋、李耳跨青牛都栩栩如生；四大金刚、雷公电母、八仙过海、笑佛弥陀皆各具神态。这些塑像凝聚着劳动人民的智慧，千百年来也一直为人们所信奉。真武殿于光绪三十二年（1906）改为如皋市林梓初等小学堂（林梓小学前身）。1938年日寇占领林梓，小学几经破坏。1940年，学校停课，房屋作刑警局。1941年春，学校复课，把破损房屋全部拆除，原地重建。东南北为教室，中间银杏树四周为操场。1946年国民党军队占领林梓，把校舍拆光，材料用于建碉堡及土城墙，真武殿彻底遭毁。

  林梓文昌阁 文昌阁，原址在今林梓居委会六组，据原

文昌阁僧侣回忆，此阁建于清乾隆年间，为沈万四八世孙沈季宣所建，初名"文昌帝君庙"，建筑面积一亩多，共有房屋28间。因庙院中有一高阁(高约21米)，中间供奉文昌帝君，后人多称"文昌阁"。庙中常有僧侣十余人。文昌阁院门面北，筑于4米多高的土墩之上。阁楼十分壮观，阁分两层，为六角形，砖木结构。木质楼板，第二层上六角飞檐，阁尖呈宝剑状。登至二楼，远眺白蒲依稀可见。阁中有乾隆宰相张玉书亲笔题匾两块，一为"藻耀高祥"，一为"奎壁腾辉"，字迹苍劲，洒金为表。惜二匾于"文革"时付之一炬。庙成时谁为住持早已失传，但据老僧普照回忆，近五代至今尚有印象，从现在的觉峰，上溯为普照、六根、明山、清光，仅此而已。此庙建成后，一度香火冷清，僧侣稀少，年久失修。到明山任住持时，香火复盛，增盖朝北大殿7间，改名"西方寺"，但因"文昌阁"之名流传已久，所以人们仍称"文昌阁"。"西方寺"之名除庙中僧侣外，很少有人知晓。庙中原有不少藏经，1958年被县统战部调走，不知所终。"文昌阁"历经抗日烽火和解放战争三年"拉锯"战，零打碎敲，逐步被拆，有道光十三年十二月所立石碑一块，现存于林梓居委会六组邓姓木匠家。

林梓关帝庙 本名"关岳庙"，因庙内主要供奉关羽和岳飞而得名，后又有人称"精忠庙"。此庙原址在今张松涛家住址，建于乾隆初年，坐北朝南，其规模远胜于文昌阁。自外及内：庙门左右一对石狮（现在本镇弥陀寺），门内一堵影墙，大门堂两侧屋内各有泥塑马夫，分别拉着红白两匹泥马。二门堂前一对石鼓，西厢房供奉"速报神"跨下青狮，下有活动翻板，只要稍触翻板，速报神的眼珠就活动起来。西厢房曾作为一个姓沈的塾师训蒙的学馆。东厢屋中间供奉刘猛将军，北间供奉五道尊神。大殿正中供奉关羽、岳飞神像，东供华佗，西供眼光神，正殿两侧相对，供奉"风调雨顺"四大天王站像，火星殿供奉火星神。此庙原有房屋22间。1938年，当家和尚法号远征，时有僧侣十余人。1961年被拆。

佛　教

唐朝时期，佛教在中国传播较广，白蒲镇亦然。唐宋时所建寺庙俱西向，"为镇压洪涛而设"。

法宝禅寺　法宝禅寺又称"圣教寺""罗汉寺"，是白蒲镇规模最大的寺庙。建于唐大和四年（830），坐落在白蒲镇南首，官河东岸（今白蒲高级中学校园的西半部分），山门西向。后不慎失火，寺毁僧散。宋至和元年（1054），僧人亿山历经艰辛募化，在旧址重建。当年被列为"州属八大丛林之一"。因定磉时"掘得白龟献于朝，赐名法宝寺"。宋德祐二年（1276）僧人师忠增建山门，增修廊房、佛殿，并募田立碑，寺内建筑趋于完备，香火日盛。明洪武五年（1372），法宝寺遭兵火，大部化为灰烬，寺僧剩无几人。明洪武二十四年（1391），通州罗汉寺并入法宝寺，故法宝寺又叫罗汉寺。明天顺二年（1458），僧人通明、通亮等重修法宝寺。明崇祯二年（1629），寺僧照元（号元隐）会同客籍僧人寂明募建

法宝禅寺

禅堂，接待众香客、施主。崇祯九年（1636），照元又募建藏经楼，镇人邹奉山出资"装塑香身佛像"。吴思白、邹正初等人又募捐刊刻、购买许多佛经，收藏于藏经楼中。经此修整后，法宝寺佛事大盛。清中叶，法宝寺又荒废数十年。自清嘉庆十九年（1814）至道光九年（1829）间，法宝寺住持戒月多次募化，本地耆绅吴帝臣、沈松圆等慷慨出资，对法宝寺进行了大规模的整修，"庙貌重新，清规复整"。清道光九年（1829），吴篪致仕回白蒲后，重修法宝寺，为佛像装金，并施田数百亩。法宝寺香火鼎盛时，各地文人香客、善男信女纷至沓来，寻幽探胜、顶礼跪拜，更有名士慕名而至。明宪宗年间（1465—1487），河南省按察司佥事、诗人傅希说数次路过白蒲，四游法宝寺，作诗以记。寺住持将其诗勒石，名"傅公诗碑"。扬州八怪之一的郑板桥与寺中僧人交往颇多，法宝寺"藏经楼"三字为他所书。文学家袁枚也多次到法宝寺游览。蒲塘文人游法宝寺也多有题咏，"法宝楼台"为蒲塘八景（或十景）之一。法宝寺历来都由品行端正、佛学知识渊博的高僧出任住持。比如，康熙五十五年（1716）的元哲（兴化）、道光四年（1824）竹林寺的悟琮、道光十七年（1837）的海真。清末民初由慎一僧任住持。1998年，经如皋市人民政府批准，法宝寺大雄宝殿从白蒲中学校园内迁出，在以杨春和为首的法宝寺迁建委员会的带领下，历经千辛万苦，法宝寺得以复建。法宝寺主体建筑风格独特，全寺建筑似象形，在我国寺院中实为罕见。大雄宝殿至藏经楼为象身，金刚殿为象首，寺内有水井十一口，金刚殿前左右两口为象眼，直通山门的弧形长堤是象鼻，俗称"象鼻湾"，两侧放生池为象耳朵，堤上有照心亭，山门为象准头，山门前两口井为象鼻孔，寺内另有几口井分别为象穴、象脐堂、水谷道，寺后千年银杏树为象尾。法宝寺源远流长，见闻记咏，俱载姚鹏春所撰首部《白蒲镇志》。修建后的法宝寺梵宇琳宫、庄严再现；殿、堂、楼、塔、壁、房、廊、山、池、桥、亭、榭、舫等古建筑，既是独立的单体，又是交融相映的群体。经如皋市政府批准为市文物保护单位，2007年批准为国家3A级旅游景区，列入沪、通、皋旅游环线。

法宝禅寺山门

法宝寺放生池及小亭

法宝寺大雄宝殿

南武庙 南武庙在板桥东巷东,南武庙巷内(今白蒲小学北大门处)。山门向西,庙内有吴世标书"力扶汉鼎"和马虬书"文武圣神"匾额。庙门两旁有彩色的花岗岩石狮两只,门堂内为天井,两旁走廊上放置十八般武器。再进内为大殿,正中为关公像,两旁是关平、周仓等八大臣之像,高约3米。殿柱上有楹联"义存汉室三分鼎,志在春秋一部书"。大殿后有三义阁,阁上有河南郑二阳(安徽巡抚)于明崇祯乙亥年(1635)书写的十六字匾额。清道光二十七年(1847)建痘神殿,殿门东向。庙藏手抄签书,签文千余条,每年正月初七庙门口南墙上贴签文一百条,供人们预测来年天气变化、收成丰歉等,有识字者读签文并分析讲解,一些不识字的农民则"上街听签"。明崇祯六年(1633)七月,募修一次,清道光二十七年(1847)又重修。民国十六年(1927),北伐胜利,南通设警察局,蒲南镇设警察分局于三义阁。痘神殿是巡士(警察)的宿舍和食堂,七八年后迁出。1938年,日本侵略军侵占白蒲后,南武庙改建成大民会剧场。1946年,伪军团长朱开聪为了筑公路通汤家园,将大民会剧场拆除。

北武庙 北武庙在白蒲镇区北,山门西向,面对官河。官河自如虹桥西东流,至庙门则折向北。站立北武庙门前,可见"虎关片石"直立于官河北岸。庙门前有影壁,每年农历正月初七,影壁上也贴签文。大殿中供奉关羽像,两旁有八大朝臣像。有明朝万历年间孙御史书"乾坤正气"和白蒲名人刘应骅书"至大至刚"匾额。姚鹏春曾为方慈僧题八分书匾额"随安精食"。北武庙前有一大方铁鼎,鼎足埋于地下。该庙除正殿外,还有后殿廊房僧舍十多间,庙门前河边有花岗石柱埋于地下,地上一段高二尺许,柱上有拳头大的圆孔,里人云系古代扣江船所用。每年五月十三、十四,庙内香火旺盛。清末民初,庙便逐渐败落。新中国成立之前,有徐姓和尚（法号福缘）一家住在庙中，同时住进几户贫民，佛像已损坏、残缺，泥涂无色。1949年以后，庙废佛毁，改建为一片民居。

关帝楼 关帝楼在北石桥东边北堂子巷进街处（今蒲北大桥东桥堍下北侧），建于明朝末年。该处南北向为砖砌高墙，正中西向为拱形圆门，建有门楼，曰"登津门"。南墙边有砖阶登楼，楼上塑关公像，西向面对北石桥。民国二十二年（1933）门楼倾倒，登津门与关帝楼同时被拆除。民国二十九年（1940）北石桥改建平桥时，地下楼基青砖尚存。

古佛庵 古佛庵在镇东一里。古时候，白蒲镇河里有一只木匣随水漂流，人们将木匣捞上岸，打开一看，内有一尊铜佛，于是建庵供奉之，名曰"古佛庵"，由比丘尼主持。庙内还有一尊站立的关帝像，塑像有特色。古佛庵一度曾是"钱氏家祠"。清道光时，庙内有一小钟为崇祯六年（1633）九月铸造。在清光绪宣统年间，和尚顾大圆寂后三年尸体不腐，"肉身装金"，因而，一度庙小名大，其故事在白蒲地区流传甚久。民

老和尚灵塔

肉身不腐和尚坐化的寿缸

国初年,庙内东厢屋被钱氏子孙钱锦茂拆走,建新港小学,庙内有八亩荡田也捐给了学校。日军侵华,此庙曾被烧。1949年后,庵中神像被毁。最后一位住持法号莲池。庙房在"文革"中全毁。1995年,村人集资在古佛庵故址部分复建,供奉菩萨,原庙内的灵塔和顾大圆寂装尸体的寿缸等物件陈列在庙西空场上。新建的古佛庵初一、月半等斋日香火不断。

三官殿 三官殿在镇北官河之西,如虹桥的西北边。庙内供奉天官、地官、水官三神,本是道教庙宇,后由僧人入住。每逢初一、月半,尤其是农历正月半(上元)、七月半(中元)、十月半(下元),香火特别盛。白蒲镇北都天庙附在三官殿中。清嘉庆年间,松山僧募化修庙,同时又募建财神殿,为白蒲独一无二,香火兴盛,历年不衰。松山能诗,善琴,多才多艺。还有一位宗律僧,一生吃斋,天天麦饭、青盐,苦苦修行。在洪法僧当家时,于明万历四十三年(1615)铸钟一口,崇祯四年(1631)又募捐重修庙宇,并铸三足圆铁鼎于殿前。此庙的主体建筑一直存留到1949年后,不久被拆除。庙中最后一位住持僧法号抑塘。

梅熟庵 在法宝寺北,今白蒲公园西南河西一带。原是郑氏家庵,门前有一条小溪,内供观音菩萨,绕屋种有许多梅花,故名梅熟庵,清州志白蒲古地图有载。许多文人墨客曾聚首庵处,吟诗作赋多有留存。晚清时期渐衰,庵堂处成为民居。

星月庵 星月庵在南石桥西尾北侧,俗称"南庵"。庵门正殿皆南向,庙房十多间,均不太高大。庵内曾有有名望人家的女子出家为尼。正殿供奉弥勒佛、西方三圣、观音、华佗、三官、眼光等。朝北偏殿内供奉武成王像。九月十九日为观音庙会,进了腊月,送灶庶巫纸给人家敬奉。新中国成立之初,有庵房17间,尼3人。1953年秋,被白蒲镇高小补习班借用。1962年有房屋2间,尼2人,后尼姑进了工厂。通扬运河扩宽改造时星月庵被全部拆除,仅留一对花岗岩石墩,现立于法宝寺山门东台阶两侧。

极乐庵 庵址在西亭坝西,又名复兴庵。庵房10间左右,门较高,有三四级石阶。殿前的银杏树在庵毁时已有300多年历史。正殿供奉如来等佛,东偏殿塑有送子娘娘像。庵内还有小楼,名"得月楼"。1949年前后,庵内有尼姑三四人。最后一任住持法号脱尘。1950年,神像被毁。1958年,庵已无点滴痕迹。

白衣殿 白衣殿在白蒲悬弧巷东,今印池西北一带。殿中碧山大和尚搏御倭寇一事为白蒲镇人乐道。白衣殿有前殿、后殿两座,殿内供奉白衣观音、如来、十殿阎君、沙痘二神、雷祖雷生、地藏王、文昌、送子张仙、灵官、都天、眼光诸神像。每年观音诞辰、成道、出家之日为庙会日,众多信徒前去礼拜。平潮新坝接引庵曾为白衣殿下院。新中国成立之初庙舍和庙内菩萨尚完好,最多时有尼六七人。20世纪六七十年代,在白衣殿办起了缫丝厂。缫丝厂兴旺时有数百工人,成为镇利税大户。因产业结构调整,此处已新建惠蒲小区,白衣殿即全部消失。

观音堂 观音堂在官河西,中板桥西南一带,今搬运站内,堂内附有一土地庙。庙基处早年是大江,曾是一处渡口。观音堂建成时,江岸改变,大江已远离镇区,在镇西十几里外了。观音堂废于新中国成立初期。

西姚园观音堂 位于镇西姚家园,庙内主殿供奉白衣观世音菩萨,门前有白莲池。"文革"期间遭毁,但有一木雕观音菩萨首像被一信众偷埋于自家后竹园十余载,得以保存。法宝寺迁建时,主动捐献给法宝寺。

姜家观音堂 在镇西南姜芥园,名"报裕庵",或称"瀑余庵"。明代姜氏竹君用自家住宅作庵堂,供奉慈航(观音),庵内还有武成王祠。新中国成立初期废弃,堂址创办小学校。施教区变化后小学搬出,信众又在原址复建圆通宝殿及侧殿等，现香火旺盛。

周观堂 原址在周家园（今林梓镇曹堡村），已有400多年历史，后来迁至邓杨村20组（即今王园村8组）。新中国成立前，陈家庄和曹家堡争夺周观堂的管辖权，庙里当家和尚品士到法院去请求裁决。法院判决该庙为独立庙，不属陈家庄和曹家堡管辖。自此，该庙易名"莲社寺"。后遭火焚，损失较大。品士和尚的继承人福慧重修庙宇，并改称"周观堂"。该庙"文革"期间被拆除。

万寿庵 位于晨光村3组（今杨园村12组），初名"万寿寺"，创建于明万历二十一年（1593）。这一年是明神宗万历皇帝30岁万寿节，故赐名"万寿寺"。清乾隆二十六年（1761），乾隆皇帝的生母孝圣宪皇太后钮祜禄氏70岁万寿节，改和尚庙为尼庵，赐名"万寿庵"。僧尼为感恩皇帝的赐名，特精制了一个"万岁牌"，红底金字，四周9条金龙，上书"皇帝万岁万岁万万岁"。万寿庵坐北朝南，有山门、大殿、东西厢屋，气势恢弘。庵四周是河道，只有一个东南西北向的坝头供进出，坝头北端西侧植两棵雌银杏树，庵西南隅有一高大的雄银杏树。大殿内除供奉释迦牟尼佛和观世音、地藏王菩萨外，还供奉西王母、文昌、财神诸神像。雍正年间，康熙进士、时任清苑县知县的姜任修曾到此一游，并题诗一首："鳞鳞松干不知年，玉垿金铺贮紫仙。何处嫩岚飞彩翠，十洲三岛画栏边。晓闻长乐起吟龙，东序砰訇扣大镛。一喝众山齐响应，云嵒七十二芙蓉。金碧琉璃瓦欲流，花宫仙境隐清修。远公谁为移莲社，日与匡庐面目谋。琼树夹堤横地轴，玉泉吐水浚天地。祥氛辉映金城绣，花雨香风献寿诗。"在万寿庵东南约350米处，还有一座宽1.5米的东西向的小木桥，名叫"万寿桥"。民间曾流传"万寿桥上走一走，逍遥活到九十九"的说法。木桥西侧世居一户王姓人家，据传曾有一副门联为："北斗七星，亘古百亿万年千秋照；南桥万寿，尚有九千六百五十年。"

林梓弥陀寺 弥陀寺原名弥陀庵,原址位于今林梓镇月旦村26组。据乾隆祠志寺观记载,弥陀庵创建于明万历三十六年(1608)。于清朝乾隆十五年(1750)受捐庙田一顷二十余亩。1998年市政府批准设立弥陀寺佛教活动点,在筹建过程中,新加坡雨林寺严伟比丘师给予了大力资助,先后出资近300万元。

弥陀寺山门

林梓太阳庙 林梓太阳庙,位于现林梓幸福村1组。庙宇四面环水,坐北朝南,占地面积约4亩。正门有一条跨河土路进出。庙宇整体为二进式结构,大门口一对石狮。进大门朝南是中殿和一座小木楼,大门两侧朝北共有7间生活用房,与东西两头围墙相连构成长条形天井。中殿供奉的是观音菩萨和哼哈二将。中殿西侧小木楼为藏经楼。由中殿进后大院,迎面是建筑宏伟的大殿。大殿主位供奉着太阳菩萨,两边为雷公电母等佛像。主殿设置红漆香几,金鼎银台。大殿西山头有一围墙环绕的小院,内有住房两间及葡萄棚架,为庙当家师父住所。大殿两侧为相对而建的厢房,一边6间,分别为经房和僧人住宿用房。相传阴历三月十九日是太阳菩萨生辰。每逢这一天,周边乡邻早早云集于此,善男信女纷纷进庙敬香拜佛,祈求风调雨顺,五谷丰登。庙外集市热闹非凡，有出售小型农具的地摊，有卖装饰品和小吃的货郎担，还有唱小曲的，耍杂技的。人来人往，川流不息。直到太阳下山方才平静下来。1950年太阳庙所在地林东乡归属如东县。为了推动经济的发展与繁荣，如东县工商联合会在全县范围内召开了两次物资交流大会，一次在掘港举行，一次则在太阳庙举行。如东县西部地区岔河、马塘、双甸等地的商家百姓均云集于此。1950年，地方政府利用庙宇空房办学校。始为初等小学，命名为"林梓幸福小学"。后院大殿做会议室，东西厢房分别改建为二年级和三年级教室。中殿东边一间隔出做教师办公室，西边两间做一年级教室，中间留一过道通向后院。大门东侧生活用房改建为四年级教室，从大门至南河边整理为学校操场。1955年至1956年间，在操场西侧新建两个教室，增设五年级、六年级两个高级班，从此幸福小学成为完小。1966年，林梓公社将庙中的木楼拆除，木料用于建农业中学。1983年将大殿翻建为标准教室，至此太阳庙原有建筑不复存在。2006年因教育改革，施教区重组，幸福小学撤销，民众在原址又复建太阳庙。

林梓太平庵 林梓太平庵又名"太平堂"，建于明永乐初，原址在今居委会8组，本是沈氏家庵，后经兵火几乎全毁，香火萧条，仅余几名老尼看门。民国初，由林梓沈、陈二族倡导，集资重修，其时谓"太平堂中兴"，有庙屋19间，尼众近20人，一度香火较盛，但人们仍称"太平庵"，中兴后共传9代住持，顺序是：云龙、严成、光辉、宏发、长修、满堂、本如、朗静、觉山。1946年，葛班元曾带领地方武装部队一个排驻太平庵，侦察林梓镇区内国民党军队的活动，为发起苏中七战七捷的丁林战役做准备。新中国成立后，曾被改为民办小学、大队办公室，1970年全部拆除。

林梓观音堂 原址在林梓镇北街，通扬运河东岸，乾隆《如皋县志》与民国《如皋县志》均载："观音堂，在林梓镇，明万历年间建,清乾隆十五年重建。"原有房屋30间,主要有楼房3间,大殿3间,耳房3间,大门堂1间,厨房3间,其余厢房12间,厕所1间。抗日战争中,楼房被炸坏,修复后仅存楼房两间。老僧仁宽回忆,庙中住持到他为止已历21代。庙中主要供奉观音菩萨。庙位于镇区闹市,交通方便,历来香火鼎盛,有常住僧侣30余人,还常有行脚僧落脚挂单。庙产可观,据民国《如皋县志》记载:"清乾隆十五年(1750),住持僧松如置田入档一顷六亩,镇东孙家庄秧园田七十六亩,镇西李家庄田二十八亩,镇北河田二亩。"解放战争期间,曾被国民党军队占据作为刑讯室,其时,附近居民深夜常听到一声声惨叫。1948年年底,林梓解放。1949年经整修作为粮库,收集粮食支援前线,人称"北粮库"。1952年粮库南迁,"北粮库"的房屋与"南粮库"所在地居民房屋对换。目前尚存4间旧库房为杨氏住宅。

基督教

美国长老会 白蒲美国长老会位于市大街113号,始建于明万历四十年(1612),共五栋18间,建筑面积438平方米,占地746.5平方米。1933年租给美国传教士,租期99年,设长老会——基督教堂,是如皋仅存的中西合璧式建筑。

美国长老会现存木楼

英才辈出

悠悠岁月为蒲镇宝地积淀了丰厚的文化遗产,崇文尚教之风千年绵延不绝,史称"通如文风莫盛于蒲"。蒲塘人文荟萃,名流接踵,根据《通州志》和《如皋县志》及多种家谱统计,明清两代白蒲产生了文进士10人、武进士2人、举人58人、贡生185人、议叙78人、应议86人、武举8人、副榜3人、武达10人,给予授职的计258人,其中京官32人、省官8人、府官28人、州官31人、县官140人,供职地点分布于全国20个省106个县,主要在江苏、上海、浙江、安徽、山东、四川、两湖、两广、内蒙、甘肃、陕西、新疆、云南等地。

蒲塘文化名人中对我国文化有重大贡献者,首推学者诗人姜任修,他于康熙五十九年(1720)中举,次年进士及第,授翰林院庶吉士,后任清苑知县,为官清正廉明,人称"白面包公"。归里后潜心研究毛诗、周易、经术等,并有专著。他对我国古代诗歌更有全面精深的研究探索,这方面的著述有《楚辞绎十卷》《汉魏六朝诗绎四十卷》《白雪青莲诗绎二卷》《唐五七律绎八卷》《读诗小笺五卷》《白蒲子古文十卷》《白蒲子编年诗三十六卷》《白蒲子诗抄》等,今如皋、南通、南京等地的博物馆均有他的著作珍藏。

今天白蒲这块宝地上又走出了将军3名、艺术大师3人、世界体育冠军2名、名校校长5名……

在漫长的历史长河中，素有"贵白蒲"之美称的这片热土，先后涌现了一批又一批才华横溢的士子，他们或通过科举考试，或通过官员保举，或通过承荫封赏步入了为官之途。其中多数人在不同的历史时期、不同的官职岗位上，曾为当时的社会发展进步和人民的福祉安康作出过有益贡献，因而既得到当地老百姓的好评，也受到当朝皇帝的褒奖——封典。所谓封典，就是皇帝给予官员本身及其妻室、父母、祖先的一种荣誉称号。封典官员本身称"授"，封典父母以上长辈或妻室，健在的称"封"，已故的称"赠"。作为一个家族而言，他们都把族人荣膺封典看作是无上光荣的一大盛事。《郑氏族谱·诰敕小序》云："孝莫大于荣亲，恩莫隆于锡类。命章命服非德奚堪；事父事君匪躬则一。瞻五花之鸾凤，益凛承先；念世叶之箕裘，无忘报国。载光家乘，首重王言。"对社会大众来说，人们也十分羡慕那些荣膺皇帝封典的富贵人家。据清《白蒲镇志》及部分家谱记载的资料统计，明清时期白蒲籍官员本身及其妻室、父母、祖先荣膺皇帝封典的男士有137人次，女士有156人次。

皇帝诏令多 明清时期共有13位皇帝封典白蒲人的诏令137道，其中诰命66道，敕命71道。明洪武朝4道，永乐朝2道，宣德朝1道，成化朝2道，弘治朝4道；清顺治朝2道，康熙朝4道，雍正朝9道，乾隆朝49道，嘉庆朝22道，道光朝24道，咸丰朝4道，光绪朝10道。

白蒲人荣膺皇帝封典最早最多最突出的要数沈氏。沈氏一族计有皇帝封典诏令23道，受封典的男士有23人次，女士有35人次。早在明洪武二十一年（1388），沈阶（字均璋，号守玉）即以户部员外郎（从五品）与其父沈英分别诰授、诰封为奉直大夫，其母吴氏、妻缪氏诰封为宜人。

最为突出的是沈岐，他是白蒲有史以来唯一的身历五朝的一品高官。道光二十年（1840）八月初十，道光皇帝特颁诏令，覃恩诰授、诰封、诰赠沈岐本人及其曾祖父沈世禄、祖父沈书乘、父亲沈猷为正一品光禄大夫；诰封、诰赠其曾祖母姜氏、祖母吴氏和邵氏、母亲吴氏、故妻吴氏和周氏、继妻王氏为一品夫人。这是清廷皇帝赐给当朝大臣最高级别的荣誉称号——四世一品。道光二十二年（1842），沈岐致仕回乡，去扬州梅花书院、安定书院任教，培植后进，与学者阮元、梁章钜居南河下，时称"南河三老"。咸丰九年（1859），咸丰帝发布谕旨："致仕都察院左都御史沈岐，恩赏加尚书衔，并颁给御书'宾筵人瑞'匾额一面，准其重赴鹿鸣筵宴，以示朕优眷老臣至意。钦此。"同治元年（1862）正月二十一日，一代名臣沈岐与世长辞，享寿89岁。同治皇帝特旨易名赐谥文清，恩赐祭葬，御赐祭品，宣读祭文。

荣称品级全 明清时期，白蒲籍文官本身及其妻室、父母、先祖父母荣膺皇帝封典的凡九品十六级，男士127人次，女士146人次。其中，正一品光禄大夫4人，从一品荣禄大夫2人次；一品夫人11人次。正二品通奉大夫3人；夫人3人。正三品通议大夫7人，从三品中议大夫4人；淑人11人。正四品中宪大夫5人，从四品朝议大夫7人；恭人15人。正五品奉政大夫14人，从五品奉直大夫11人；宜人30人。正六品承德郎8人，从六品儒林郎6人；安人16人。正七品文林郎20人；孺人22人。正八品修职郎14人，从八品修职佐郎4人；八品孺人21人。正九品登仕郎2人，从九品登仕佐郎16人；九品孺人16人。

如：吴鼎新（1734—1782），字崇贯，号掘庵。幼而聪颖，读书目过口诵，掩卷不忘，成童熟贯读经，精工书法。在如皋雉水书院学习期间，得到书院院长王康佐的赞誉，称他"文、字、诗三长无软，美合台馆"。乾隆二十七年（1762），他去南京贡院参加乡试未能中举，但他的才识却给时任江南学政的李鹤峰留下极佳印象。乾隆三十年（1765）三月，乾隆皇帝与皇太后四下江南，在江宁府召试文人学士，省学政李鹤峰极力举荐吴鼎新应试，阅卷大臣看到他的书品作品时，称其书法"字冠七省"，乾隆帝为此特赐予他绸缎两匹，命随员将其书法卷轴带回京城，从此吴鼎新名动京师。是年秋，他赴京应拔贡试，得朝考一等第二名，乾隆皇帝破例授他为甘肃省碾伯县知县，从此步入仕途，历任永昌县、皋兰县知县，直隶安四州知州，凉州府知府，西宁、宁夏、甘凉兵备道（正四品）等职。每到一地，他总是"兴利革弊、吏肃民怀"，"振兴学校，增书院膏火，聘名师讲课"，"尚德缓刑、士娴礼教、农乐耕桑"。乾隆四十二年（1777），他以"治行卓越"而得到乾隆皇帝的特别嘉奖，即以四品官职得四世三品封典，覃恩诰授、诰封、诰赠他本人及其曾祖父吴文奎、祖父吴灿、父亲吴玉为通议大夫，诰封、诰赠其曾祖母陈氏、祖母蒋氏、母亲万氏及妻室段氏为淑人。

绩优褒奖重　明清时期，白蒲人在官场上因表现突出、成绩特优而得到超过规定品级封典的多达27人，其中八品、九品小官被封典二世的17人，四品至七品官被封典三世的8人，被封典四世的2人。

如：顾云（1716—1798），字伯顾，号北墅，乾隆甲子科（1744）举人，补内阁中书（七品），军机处行走，是东阁大学士兼军机大臣刘统勋的属员。他办事认真，善于进谏，严守机密，拒绝贿赂。乾隆二十六年（1761）十一月二十日，在吏部考功司主事（六品）任上以"司事加一级又军功加一级"的优异政绩，荣膺乾隆封典，覃恩诰授、诰封、诰赠他本人及其祖父顾汝为、父亲顾绍祖为正五品奉政大夫，诰封、诰赠其妻刘氏、祖母吴氏、母亲吴氏为宜人。

郑藩（1830—1892），字余堂，号筱东。其祖父郑芳，任湖北恩施县典史、施南府经历、仁义市巡检；父亲郑惠，国学生，援例授州同知。郑藩从小就随祖父、父亲居湖北省江夏县。"受业江夏名孝廉姚先生之门,好学异常,童有宿慧。读书目数行下,姚先生深器之。"曾以贡恩生应南北试,连不得志。后以承荫封赏任县丞,历任仪征、桐柏、伊阳、夏邑等县知县。咸丰年间,因战功卓著受到两江总督曾国藩的高度赞赏。任知县期间,"兴利除弊,唯力是视,尤以培养士子为亟","值岁大侵,公悉力抚绥,宽征薄赋,复捐廉施赈,全活甚众",以"劳绩保荐侯补知府,钦加三品衔,赏戴花翎"。光绪五年(1879)五月,光绪皇帝颁诏令,覃恩诰授、诰封、诰赠他本人及其祖父郑芳、父亲郑惠为从二品通奉大夫,诰封、诰赠其妻章氏、祖母高氏、母亲钮氏为夫人。这是白蒲籍承荫之官荣膺皇帝特别褒奖的一个典型。

封典文武全 明清时期白蒲人荣膺皇帝封典的不仅有文官,还有武官10名。其中从三品武翼都尉2人,正四品昭武都尉2人,正五品武德骑尉5人,正七品武信骑尉1人;淑人2人,恭人2人,宜人5人,孺人1人。

清代白蒲共取武科副榜3人、武举人4人,其中真正授武职的仅有1人。

吴江清(1626—1713),字斯缨,号岷伯,早在顺治八年(1651)即与吴斌一起考为副榜,顺治十一年(1654)他正式考中了武举人,是白蒲历史上第一位武举人,但终身未能授职。

事隔114年之后,即乾隆三十三年(1768),白蒲的郭龙标、姜锡麟二人同时考中了武举人。郭龙标为武举第一名,尊称解元,并被授予江西南安营守备(正五品),在任上由于工作成绩优异,乾隆四十九年(1784),乾隆皇帝特颁诏令,覃恩诰授、诰封、诰赠其本人及嗣祖父郭士莹、生祖父郭士琇、父亲郭镇为武德骑尉;其嗣祖母、生祖母、母亲及妻室分别被诰封、诰赠为宜人。乾隆五十年(1785),郭龙标晋升为江西浮梁营都司(正四品),并荣膺乾隆皇帝封典,被诰授为昭武都尉，其妻被诰封为恭人。

明清时期，白蒲人除通过武科考试取得功名进而被授予武职的1人以外，还有8人通过熟读兵书、苦练武功而成为武官，其中6人荣膺了皇帝封典。他们分别是：

蒲镇武官第一人秦樽（1404—1475），字酌之，号饮卿，是北京交趾道监察御史秦瓛的长子。他从小随父居住在京城，爱读兵书，喜习武功，练就了一身军事本领，成年后即加入军营，官至京师兵马司指挥（正七品）。明宣德九年（1434），宣德皇帝敕授他为武信骑尉，敕封其妻冒氏为孺人。

顺治年间，郑正（1623—1665，字伯兴）、郑琪（1625—1688，字伯龄）兄弟二人是著名惠人郑东海之子，他们"膂力过人，读书博览，喜谈经济，尤爱孙武、李卫公诸书及《名将传》，习骑射有穿杨贯札之能，善马上槊驰舞如飞"。郑正任固山营游击（三品），郑琪任狼镇随征都司（四品）。顺治十八年（1661），顺治皇帝颁诏令，诰授郑正为武翼都尉，诰封其妻陈氏为淑人；诰授郑琪为昭武都尉，诰封其妻钱氏为宜人。

光绪年间，郑汝湘（1850—1923），原名建兴，字汉臣，又字子盛，赏戴蓝翎，守备都司衔，任狼山镇标外海水师掘港营千总护司加三级（从三品），被诰授为武翼都尉，其妻戴氏被诰封为淑人。长子郑振德，字海澄，军功五品，狼山镇标水师候补把总（正七品），被诰授为武德骑尉；长媳曹氏，被诰封为宜人。次子郑振武，字少臣，军功五品，狼山镇标水师候补把总（正七品），被诰授为武德骑尉；次媳薛氏，被诰封为宜人。

晚清时期，白蒲人通过请封和捐请而受封典的有8人。姜圣基，无官职，捐请受封诰，其本人及其父亲姜介鳌分别被诰授、诰封为奉直大夫，母亲及妻被诰封为宜人。都察院左都御史沈岐为他的叔父沈湘请封诰，赠为荣禄大夫；叔祖母吴氏被诰赠为一品夫人。候选通判徐灵请封外祖父郑瞻颜,敕封为承德郎;外祖母吴氏被敕封为安人。安徽繁昌县三山镇巡检郑锷请封胞兄郑钧,敕赠为登仕佐郎,嫂吴氏被敕封为九品孺人。翰林院编修、山东兖州府知府沈锡庆请敕封叔父沈嵘为儒林郎,敕封叔母吴氏为安人。

下面介绍白蒲历代的主要名人。

吕岱(161—256)

如皋市博物馆内吕岱雕像

南通地区首位名人,字定公,东汉广陵郡海陵县高阳人(今白蒲林梓),生于汉桓帝延熹四年。他少时家境清贫,但聪颖好学,20岁时已闻名江淮间,为郡县小吏。汉末,军事集团混战,北方大乱。约建安二年(197),曹操进攻占据江淮间的袁术地盘时,吕岱举家避乱南渡。建安五年(200)孙权代兄孙策出任会稽太守时,吕岱投效到孙权帐下,先任吴丞,"因处法应问,甚称权意,召署录事",后升余姚长。在余姚,他招募了一千多名壮士,编练成一支劲旅,成为他以后南征北讨的基本队伍。建安十六年(211),会稽、东冶等五县的冶铁工人起义,他和将军蒋钦领兵镇压了这次暴动,擒获其首领吕合和秦狼等,被封为昭信中郎将。从此开始了他南征北讨、开疆拓土的戎马生涯,为吴国的安邦兴业立下了盖世战功。

建安二十年（215），吕岱奉命率领孙茂等十员将领配合大将吕蒙夺取了蜀国的长沙、零陵、桂阳三郡；接着又同鲁肃一起，镇压了勾结蜀将关羽的安成长吴砀和中郎将袁龙，被孙权任命为庐陵太守。这一年正是蜀将关羽失荆州、走麦城、兵败身亡的一年。

延康元年（220），吕岱接替征南将军步骘担任交州刺史时，他采用安抚与镇压相结合的办法，收编了高凉的钱博，镇压了领导桂阳、浈阳农民暴动的王金，因功"迁安南将军，假节，封都乡侯"。

正当吴国在两广地区逐步开拓疆土之际，黄武五年（226）交趾太守士燮死。孙权根据吕岱的建议，把合浦以北的海东四郡析为广州，吕岱为刺史；交趾以南的海南三郡析为交州，戴良为刺史；同时派遣陈时为交趾太守，任命士燮的儿子士徽为九真太守。这时，士徽自署交趾太守，背叛朝廷。对此，吕岱力排众议，一面上书朝廷请命，一面亲自统率三千名水军"晨夜浮海"，抵达合浦会合戴良所部，以迅雷不及掩耳之势，突然兵临交趾城下，迫使士徽"即率兄弟六人，肉袒迎岱"，跟着击破士徽的余党甘醴、桓治等，因而"进封番禺侯"。接着，吕岱又率领大军平定了九真，从而稳定了整个交州的局势。为了加强中国与南海诸国的关系，他派遣宣化从事朱应和中郎康泰出使各国，"南宣国化"。朱应和康泰所经历及传闻凡百数十国，大抵林邑、扶南及"西南大海洲上"诸国还带回来乐人及地方特产。史载："扶南、林邑、明堂诸王，各遣使奉贡。权嘉其功，进拜镇南将军。"从此开始了中国和南海诸国的正式往来。朱应著有《扶南异物志》，康泰著有《扶南记》。唐后，这两书亡佚。但吕岱的这一举措，无疑加强了我国人民与印度支那半岛和南洋群岛各国人民之间的友谊及贸易往来，它在我国历史上可与东汉时班超派遣甘英访问中亚各国一事相媲美。

黄龙三年（231），吴国由于南疆安定，召吕岱驻兵长沙沤口。其时，武陵一带的少数民族举兵暴动，吕岱率兵配合太常潘濬，镇压了这场暴动，稳定了湖南东部的局势。嘉禾三年（234），吕岱驻兵陆口。第二年夏天，庐陵的李桓和路合、南海的罗厉相继举兵叛乱，而会稽的冶铁工人在随春领导下，也举行起义。吕岱奉命亲率刘纂、唐咨等部，分兵进剿。他区别对待，对"已降复叛""负险作乱"的李桓、罗厉，坚决予以镇压，决不手软；对兵临城下"即时首降"的隋春，奏封为偏将军，"使领其众，遂为列将"。所以孙权在诏书中夸奖他："非君规略，谁能枭之？……自今已去，国家无南顾之虞；三郡晏然，无术惕之惊……"

赤乌二年（239），潘濬病故，吕岱接替潘氏职务，与陆逊并驻武昌。十月，吴将廖式与弟廖潜杀临贺太守严刚等，自称平南将军，兵围零陵、桂阳诸城，有"众数万人"，交州、苍梧、郁林诸郡震动。吕岱上书请命征讨叛乱，孙权"追拜岱交州牧"。经过一年血战，终于镇压了叛乱，稳定了南方政局。吕岱再次回师坐镇武昌。这时，他已经是80岁的老人了。吴国张承在给他的信中称赞道："昔旦、奭翼周，二南作歌，今则足下与陆子也"。信中把他与陆逊并举，比喻为周朝的周公旦和召公奭，虽有溢美之嫌，然亦恰如其分。赤乌八年（245），陆逊病故，诸葛恪代替陆氏驻节武昌。孙权将武昌分为左右两部，吕岱统率右部，迁为大将军，其辖境自武昌溯江而上，至蒲圻一带。其子吕凯升为副军校尉，临军蒲圻。孙亮即位后，封吕岱为大司马，时年92岁。

东汉末年，曹操强令滨江郡县徙民，海陵县遂成隙地。赤乌四年（241），吕岱奏请获准，招抚乡民回归，重建海陵县，"泽被桑梓"。

吕岱知人善用，闻过则喜。吴郡徐原"慷慨有才志"，

吕岱墓

吕岱向朝廷推荐他,重用他,徐原后来官至侍御史。吕岱偶有过错,徐原不仅当面向他指出,甚至还当众评论一通。有人偷偷地告诉他,他感慨地说:"这就是我之所以器重徐原的缘故啊!"

吕岱廉洁奉公。他初任交州刺史时,因忙于公务,历年未能瞻顾家用,致使妻儿衣食匮乏。孙权知道后,便以此为典型,教育群臣。太平元年(256),吕岱病故,享年96岁。他的儿子吕凯遵照遗嘱,以"素棺,疏巾布裤"葬于故里高阳荡。《三国志》《中国人名大辞典》有传。

张自成(生卒年无考)

白蒲知名抗倭英雄。明代嘉靖年间,倭寇多次侵扰白蒲。镇上勇士张自成聚众结营石关(白蒲宋代所建通济第一闸,至明代已废,古闸址北岸有立石一片称"石关"),奋起抗击倭寇,击退倭寇的屡屡来犯。后蒲人将他结营的石关改称为"虎牢关"。

虎牢关

吴一骥(生卒年无考)

字百固,又字伯顾。蒲镇明朝名贤。年轻时跟随汤袭明先生外出求学,"为文渊深而晓畅""补诸生试",考得第一名。拜在他门下求学的人,都是当时的知名之士。

明天启辛酉年(1621),李之椿(吴一骥的学生)虽在乡试中中举,仍在吴一骥处学习。在讲席中,老师讲授学生提问,他对"四子书独有会心,冲口而出,无非妙义,能令听者解颐"。后以选贡的身份于崇祯十二年(1639)被任命为麻阳县县令。他为官清廉,拒受一切馈赠,"悬鱼瘗鹿"(把别人送的鱼挂着让它发臭,把送的鹿肉埋掉,以示拒受礼品的坚决态度),待到解下绶印辞官回到白蒲,仍然是一个贫寒的读书人。75岁时,仍然在家乡设帐讲学,以束修糊口。死后"竟无以殡殓",草荐裹尸而葬。姚鹏春评价:"其清风高节,可想见矣!"

吴一鲸(生卒年无考)

字国起,一字震禹。须眉似戟,正气凛然的样子。因为家中贫穷,20岁时才开始读书受业。不久,即补诸生,很有才气,声誉大振。在白蒲镇东购一小园,种竹数亩,称为"菉漪园",他在园中读书、教学,以扶掖后进为己任。明光宗泰昌元年(1620),"擢明经博士(恩贡)科选得萧山县丞",三年中政绩显著,但对人却羞于言谈。他以文章优秀而在越中知名,许多读书人向他请教学问,他有问必答,循循善诱,如同在家乡菉漪园一样认真。后升迁为处州府经历。吴一鲸说:"我的菉漪园还在,回家去在园中教子孙读书是我的愿望啊!"于是辞官回蒲。年69岁辞世。

范 壴(生卒年无考)

字子承,县邑庠生,清顺治、康熙年间人。他祖上世代为士、为农或为清白吏,他本人则性格恬淡,尊师爱友,和当时通泰一带的知名人士都是挚友,常有四方宾旅来蒲欣然相聚。他的儿子范景颐,字漱芳,号迦陵,是县邑的廪生。他"博学淹贯,笃于孝友",对诗歌的研究与写作很有造诣,与他的兄长范越山齐名。作客扬州时和扬州当时的知名诗人秦涧泉、王孟亭都有唱和。刻印了《瓠尊集》。郑县邑和王州尊先后两次聘请他延修《郡邑志》。《郡邑志》中有"良吏之目"。他的著作有《孝经集著》《论语序说》等。

吴 峻（1681—?）

主办书院的知名学者。他是乾隆年间秀才，曾组织"起社"，被推为社长，很有文才，晚年，文名益盛，"邑宰、州守甫下车即造庐请谒，殷勤敦请主持文教，以故，紫琅、雉水书院皆延为山长，及州县试，则又延入署阅文以定甲、乙"。他兴办东田书屋讲学，"负笈者，百余人"，人们能以做他的学生为荣幸，敬称他"东田先生"。姚鹏春评价他："百年来，蒲中文坛师席，未有与之比伦者也。"

姜任修（1676—1751）

原名耕，字自芸，晚号退耕。博学于天文地理，礼乐兵刑及诗古文辞无不通贯。八分书为绝品。康熙五十九年（1720）中举人，次年成进士，授翰林院庶吉士，改授直隶清苑县县令。"日理讼牍百余事，听断如神"，人们敬称他"白面包公"。他办事果断，清正廉明，因执法守官，得罪大吏，被诬劾罢职，任期仅5个月。回乡时，当地民众恋恋不舍，"道送千百里外"。归里后筑"三以园"，从事学术研究并"吟咏不缀"。著作盛丰，有《读易辑书》5卷，《读诗小笺》5卷，《楚辞绎》10卷，《汉魏六朝诗绎》40卷，《白蒲子古文》10卷，《编年诗》36卷，《白雪青莲诗绎》2卷，《唐五七律绎》8卷，辑有《白蒲子诗抄》等。

姜颖新（1675—1736）

姜任修之堂兄，字文庸，号至山。12岁时随名师"吉水李公"学习，不久便入庠，每次考试，成绩都是第一名。康熙庚子年（1720）中举，雍正癸卯年（1723）成进士。后授翰林院编修，分纂《大清会典》。1726年改"补给事中"，工作数月，成绩显著，皇上十分满意。1727年调任"通永河道"。工作期间为政清廉，"巡行经画，不费帑（钱币），不扰民，车一辆，舟一叶"，普通老百姓都不知道他是位大官员。后来提升为"直隶按察使"。任内，破获多年的疑案数十件，捕获要犯数十人归案。他体恤诉讼者在衙门外"夏曝冬僵"的苦楚，出资在衙门外建屋，曰"和济堂"，让诉讼者既有住处，还供应茶水、糜粥。他对待囚犯做到宽严相济，"执法严"，"用意宽"；对关在狱中的犯人"夏给扇，冬给棉，岁时给酒脯，病者给药，毙者给棺"，施以仁政。因双亲都八旬，乞归养亲回到家乡。去世时享年62岁。

他十分重视人才的培养，任内建有"观善堂"书院和"宾礼馆"，著作有《至山诗文全集》《名家诗衡分编》等。

姜颖新子姜会照，好古力学，淹雅通达，任太平府芜湖县教谕，升四川奉节县知县。晚年家居，不废吟咏，著述以终。

郑大德（1695—1754）

邑中名贤郑勗之子。字衣闻，号改之，一号独石。康熙丁酉（1717）举人，辛丑（1721）进士，敕授文林郎。选任为浙江山阴县令，不久，母亲去世而离任回乡治丧、守孝。雍正九年（1731）赴补。历任山东齐河县与浙江嵊县、鄞县知县。

他曾向皇帝上奏"山阴县征粮造册及原籍江南如皋县私派飞差二款"，皇帝"察其能"。在任鄞县知县时，清廷派李制军到鄞厘清浙江省的钱粮簿册，并秘密到江苏藩司查办如皋"私派飞差"一事。郑大德向李制军详细反映如皋县在康熙三十七年（1698）前凡有差役，里长向各户硬派轮充，叫"硬抬"，禁止"硬抬"后，还叫各户按田亩捐派催收，叫"软抬"，看起来"公事虽归公办，银两出自民捐"，每年的捐款或多或少没有定数。后李制军查对了如皋历年的簿籍记载，果然如此，奏请当朝后，革除这一弊政。山阴、如皋及江浙各州县的老百姓都由此而"隐被其泽"。后因"郡守事牵连"，解官归里。闭户著书，啸歌自得。

著述有《章贡楼诗集》《易说》《啸月阁文集》《九悔斋

诗草》。

吴 翀（生卒年无考）

字羽中，号迥楼。自幼才思敏捷，到县郡去应试，每次都是冠军。未成年时，便入庠学习，与白蒲的一些高才生结起社"会文海内"，而吴翀则是起社诸子中的佼佼者。雍正癸卯年（1723）选为拔贡，参加廷试，后升迁为玉田县令，再后任固安县令、武阳县令。

他前后三任县令，任内教士爱民，若老塾师对待学生，如慈父母对待家人，在武清县做官时，尤多善政。防秋汛守堤防，疏浚子牙河，放粮赈灾，救活千余家口，前后8年，做这些工作，他都习以为常。

他"以疾力请"归里。归去之日，士兵民众焚香哭泣相送数十里不绝，回蒲后不久，便病逝于家中。

他有4个儿子，长子吴继元，乾隆六年（1741）举人，后任富阳县知县和顺天中式青田县知县。著有《孝亭诗稿》8卷、《默存制艺》等。

姜忠基（生卒年无考）

字葆纯，号双桥、念熊。乾隆十年（1745）任江西广信府经历。在任时，"以亲民为己任"，对兴利除弊、有利于解除民众疾苦的事，都请求去办理。后"补湖南永州"，他刚到任，所属的宁远县苗民拒捕，太守要派兵去捉拿，姜忠基说：苗民性野心直，要晓以理，不要示以威，否则，更激化矛盾，反生变故。接着，姜忠基单人独骑前往开导。结果，苗民为首的6个人，不带武器，走出山洞承认自己的罪过。人们敬称他"马从事"。后来，朝廷提拔他为祁阳县令，祁阳地方豪强抗粮成性，他到任后即惩办奸隶，出令豪强限期上交，执法严明，就无人敢抗交了。那里是边远地区，民俗剽悍，少数民族杂处，姜忠基"操兵振武"防止动乱，又研读律书，向百姓宣传依法治罪的道理。他还出猎根除虎患，教育民众勤奋农耕,打击不务正业买卖妇女的歪风。他在那里修书院、建学校、疏浚古河道,很有政绩。

他返回家乡后"修祖坟,复家祠",涉猎经史及岐黄,51岁时病逝,有《双桥诗抄》《巫江纪略》等著述传世。

顾金寿(生卒年无考)

字晓澜,又字广文。年少时,"以佳公子选舞征歌,人皆艳其才华"。能旁览各类技艺书籍,尤好医书,并得诗百余首,命名为《北游草》。40岁时以明经终试,于是绝意功名。曾任清河县学博(学官),后侨寓苏州20年,以行医为业。他专攻医术,钻研中医经典。每当遇到宿学名师,虚怀请教,辩证脉理,孜孜不倦。诊治病人,或有疑难,刻意精思,废寝忘食,药食对症处方,竟起沉疴。曾经游医至皖江,书吏金某的儿子疮后瘫痪3年,奄奄一息,延请他去治疗。他用药三剂,病人扶杖而起,调理半月后,恢复如常,一时被称为神医,闻名大江南北。年老,返回白蒲后病逝。《江苏历代医人志》有传。

他善书画,精通音律,曾经收集王羲之《兰亭序》和《圣教序》中的字写成楹帖百联,极其工巧。所著诗集,寓居苏州时不慎失火被焚,仅剩《吴门唱和》诗一卷。医学著作传世的有《吴门治验录》4卷。如皋市内现存民国年间上海三马路千顷堂书局《吴门治验录》石印本,该印本南通图书馆也有收藏。《吴门治验录》中每个医案所包含的理法方药,精蕴极多,对当今有志于发岐黄宏旨者不失为临床重要参考书。

顾人骥(生卒年无考)

字仲隗,号茨山。乾隆甲子年(1744)举人,戊辰年(1748)中进士,先任福建省上杭县县令。

到任后,即创办香严书院,延请名师任书院讲席,依照考试成绩选拔人才,"诸生肄业其间",文风大振。上杭县的粮仓原来的管理很差,进库和出库、盈余和亏损"只凭空文结报"，没有实数的贮备。他在官署旁建屋贮粮，便于及时检查粮食的贮备情况，社仓的副社长话中影射无利可图。后因社仓案竟受到牵连，被撤职戍边，不久即被赦召还，回到家乡白蒲。

归里后，他"建祠修谱，收族敬宗"，忙碌不停。他才学过人，文章出色，工诗，晚年"诗律益细"。享年64岁。著有《茨山文稿》《息侨排律》及《西园诗集》行世。

吴际盛（生卒年无考）

字蘧仕，号石仓，少年丧父，他侍奉寡母，抚育小弟，以孝悌而为乡里人敬重。乾隆甲子年（1744）副贡生，出任云南省文山县知县。那边远地区和所管辖的三土司最为犷悍，少数民族的头领见他到任就向他馈赠重金，来试试这位新任官是否贪黩，吴际盛坚决地拒绝相赠。从此，那里的老百姓便了解他是一位清白的官吏。

他在任时，析狱明敏，一些错判的冤案都得到平反，他的上司看重他的才干，委任他兼路南、江州两地的公务，还调他至文山任职。在文山县他施行惠政，常引导学生剖析经义，讨论文章的法度，令众人学有所成。

解职归里后，天天吟诵诗赋，并著书自乐。

郑大任（生卒年无考）

字蹈之，号怀二，清代人。其父遭仇人陷害，"祸且不测"，他晓行夜宿，到达京师，使父冤得白，白蒲人称他孝子。州司马推荐他为"粤东库大使"和四川"仙林场盐课大使"。后升迁任四川西充县令。为政严明有治声，因母老归养，绝意仕进。购野圃建"东园"，叠石浚池，莳花种竹，与二三老友觞咏其间，有所得辄为诗。闲居二十多年，77岁时谢世。

郑大纶（生卒年无考）

字言思，号掌之，清代人。自幼丧母，事父至孝。读书讲求实用，讲求能济世利物。出任陇州州牧。陇州地处高原，土壤贫瘠，经常发生旱灾。他上任后，发动民众因地制宜，筑渠蓄水，并教会老百姓"桔槔戽水"的方法，吸水灌溉，保证旱年不欠收。他还在陇州"办书院，置学田"，为地方上培养有文化的人才。陇州一些民众，因受教育少，强悍而藐视法律，他在任时能"化以礼，示以威"，使"奸民敛迹"。乾隆辛酉年（1741）发生大饥荒，甘肃民众流浪到陇州，他开仓放粮，救活数千人，此举深得民众称许。汧水上有木头架的桥，发大水将桥冲毁，河床都是松软的沙泥，不可垒石打坝，他安排4条渡船供行人来往，人称"郑公渡"。

他"以葬亲"乞假归里，便不再外出为官。在白蒲镇他关心地方公益，出资建南石桥，周济贫苦亲友，施医、施药、施棺。65岁时去世。

郑大毅（生卒年无考）

字潜夫，号目耕，清代人。"生而朗俊"，成年后入庠学习，"名贯江左"，成为家乡的知名人士，被接纳加入"文社"。在文社众人中，也是出类拔萃的人物，后取得贡生资格。本来朝廷要任命他为四川巴州州牧，因老父年高，乞求朝廷在近省安排官职，便被派到山东济南任同知。山东省当年草莽间多流寇，到任后，即行诱捕，盗贼的祸害得以消除。

山东省七十二泉汇入两条河流，叫大清河、小清河，再流入海。两条河道"经久淤塞"，水溢为患，他亲自上阵，栉风沐雨，带领民众兴修水利，疏浚河道，这样既利于灌溉，又利于粮食、货物的运输，并增加了官府的税收。

郑以疾告归，栖止蒲上，淡泊处世。不苟言笑，至老不改旧性情。皇帝御祭墓志铭碑石现存法宝寺文史室内。

姜恭寿（1708—1759）

字静宰，号香严。乾隆年间白蒲镇人，姜任修之子。出生书香门第，家学渊深，门规森严。自幼聪慧，好学上进，诗文功底扎实。清乾隆六年(1741)中举人,"才华奔放不可控抑,诗文横绝一世",且工篆善画。在蒲塘十子中列为首位。昔日如皋名人或殷实富裕之家,多藏其书画。著作有《周易辙》8卷,《毛诗编年》6卷,《皋源诗集》5卷,《瓦叩录时文》120篇,53岁因疾故。著名评论家、诗人袁枚为其作《姜香严墓志》一文,文末铭曰:"星有光夜初起也,人有文死未已也;能倡其诗况有予也,我为之铭逝者之所喜也。"

吴　箎(约1758—1834)

字简庵,号渭泉,清代白蒲镇人,年轻时,他饱览群书,有经世济民治理国家的抱负,并投师学医,自学医籍,后来曾在苏州一带行医,很有名望,后在清廷高官蒋攸田门下做家庭医生,靠蒋的保举步入仕途。

嘉庆五年(1800)任江西试用县丞,后任安徽东流县令、太和县令,道光元年(1821)被破格提拔为福建粮道。后任安徽凤庐道,又被提升为两淮盐运使,在山东盐运使任上致仕回乡。他涉足官场三十多年,大都在边远或比较落后的地区任职,不畏艰苦,不怕豪强,能从当地实情出发,为改变地方陋俗,做到令行禁止。能"以实心行实政",其为人"慈以抚民,廉以持己,直而不倨,察而不苛",其所言"平易近人,不为惊奇可喜之论,虽农夫竖牧,皆乐道而心通其义"(胡敬《皖江从政录序略》),是一位务实、为民办实事、有政绩的封建官员。

吴箎除善画竹外,还精通医术。在安徽太和县任职时,曾编辑《明太和吴令世济御寇始末》2卷。退休回乡后,著《临症医案笔记》6卷。成书于清道光元年(1821)。卷首有道光元年戴联奎序、道光三年潘奕隽序,卷终有道光三年俞恒润跋,原版已散失难见。

顾　暄(生卒年无考)

字春晖,号霁岩。清代白蒲镇人。童年时代,塾师教他读"四书",他即能通晓大意。年岁稍大,便"贯穿经史,博涉百家",其文名蜚声学宫。道光辛卯年(1831),江南发大水,考试院被水淹而无立足之地,便改乡试日期至九月,顾暄这一年考中举人,道光壬辰(1832)考中进士。因先中举次年中进士,因而在京都名声大噪。后任江西峡江县县丞,授礼部仪制司主事,兼在礼部司务厅任职,他工作勤快、谨慎,才华毕露,同事都倚仗他指导,在礼部官员中有"麟凤"的美誉。后因父亲去世,他返里治丧,守孝三年反京补官,不久病逝在京城,年仅49岁,可谓英年早逝。

吴岳峙(生卒年无考)

字尊光,清代白蒲知名学者,学识渊博,除深入研究参加科举应试的科目外,兼好诗歌,自汉魏六朝至唐宋诸家,无不探究源流,得其奥秘。当时大江南北的知名文士如焦荻的孙豹人、黄冈的杜于皇、海陵的黄仙裳、崇明的范汝受,都是吴岳峙的莫逆之交。他"杂采诸书",为个中字文作了详细的注释。他十分喜爱古鼎、玉石、书法、名画,收集的一些古董"罗列四座",家中藏书数万卷。他平易近人,心胸坦荡,人们对他皆爱而敬之。

刘应骅(生卒年无考)

字石吟,号柘仙,清代白蒲镇人。又将"柘""仙"二字拆开,称"木石山人"。天赋聪明,善于临摹书法,特别是颜真卿书法,学写得酷似真迹。学习孙虔礼书谱,"尤得神韵"。乾隆五十九年(1794)由四库馆议叙调任北直隶宝坻县主簿,还任直隶霸州同知,邱县河厅制府。终因"棱角峭厉,不合时宜"而告疾归里。回到白蒲后,向他求书者非常多,当时白蒲镇庙宇的大殿匾额,有不少为他所书。暮年作分隶,亦端有法。终年69岁。

沈 岐(1774—1862)

字鸣周,号饴原,别号五山樵叟,谥号文清,清通州籍白蒲镇人。10岁能文，16岁中秀才，嘉庆五年（1800）庚申恩科举人，嘉庆十三年（1808）戊辰科进士，累官至都察院左都御史，在朝廷供职长达50年。道光二十年（1842），乞假养亲（退休），回归故里。地方大吏因仰慕其学识德望，聘其主持扬州梅花、安定诸书院，培植后进。与著名学者阮元、文学家梁章钜居于扬州南河下，并称为"南河三老"。

沈岐离朝后，道光二十六年（1846），被加恩特授为"荣禄大夫"；咸丰元年（1851），诰授光禄大夫；咸丰九年（1859）重赴鹿鸣宴（皇帝对新科进士赐宴称"鹿鸣宴"），同治元年（1862）病逝，享年89岁。同治帝特颁旨赐谥"文清"，并予以御葬，墓址在白蒲镇东二里处，墓园地势高朗，广植松柏，望之蔚然深秀，有白色的墙体隐现绿树之间，人称"沈家八字墙"。其墓毁于"文革"中。

沈岐在白蒲民间口碑甚佳，有为粪担让路的故事广为流传，民国时期编入小学《国语》教材。因他长期在外做官，退休后又寓居扬州，故地方文献资料中关于他的材料很少。仅清代《通州志》《白蒲镇志》《沈氏家乘》和民国《清史稿》中有他的零星记载。

他为《白蒲镇志》作序，志书中收入一些他的诗作，还有《左右修竹之居试帖》4卷、《右右修竹之居诗集》14卷、《味蔗存草》12卷等著作。

姚鹏春（生卒年无考）

字古风，嘉庆至道光年间人，白蒲镇第一部镇志的编撰者。

姚鹏春世居白蒲，家住北街三牌楼西侧的一个小院里，他幼年聪明颖慧，过目成诵，19岁时游庠，后于道光十六年（1836）入贡。他酷爱金石，每逢外出应试，总是满载书帖而归。他学业上有一定成就，是当时驰名乡间的学者。

姚鹏春家中有一个小巧别致的庭院，名叫"晚研山房",这里是他的祖先办学的地方。据说这个庭院里生长过一种奇特的学草,学草方茎柔干,颜色鲜艳可爱,它枝枝相对,叶叶相当,冬萎春生,夏秋间开一簇簇白色的花,花盛开时微微散发出类似水芹花的花香。学草在这个院子里长得十分茂盛。"或荣于堂之东,或茂于室之西",六十余年经久不衰。学草生长期间,在这里求学的学生游庠者甚多。因此,晚研山房是白蒲求学者景仰的地方。

姚鹏春除撰写《白蒲镇志》外,还有《十三经管见》30卷、《金石跋尾》20卷、《古逸诗汇》10卷等著作。

沈 锽(1816—1878)

字骏声,号笠湖。通州籍白蒲镇人。道光二十四年(1844)中举,后三年又中进士。道光三十年(1850)任户部河南司主事,咸丰八年(1858)调任山东兖州运河同知,负责山东、河南境内的大运河上的水利工程和河道清淤工作。后清廷提升他为候补济宁知府。其时,北方捻军纷纷响应太平军起义,形成一股强大的反清势力,沈锽被调僧格林沁官邸任幕僚,后因不满一位高官的专横跋扈而愤然辞职归里。回到白蒲后,他应聘在通州(今南通市)紫琅、马洲、丽正诸书院任教。同治六年(1867)应州知梁悦馨的邀请,参加重新修编《通州志》,任主纂,他克服重重困难,团结同仁,发愤带病工作。光绪元年(1875),《光绪通州志》修编、刻印完成,他是为该志书作序者之一。

沈锽自幼聪颖,博览群书,为官清廉,热心公益事业,曾捐田办白蒲如境的保婴局(收养弃婴的单位),慷慨帮助别人。州志修编完成后四年,沈锽病逝。之后,他的学生为他出版了他生前病中删定的《蜗案庐诗集》6卷、《蜗案庐诗余》2卷,这两部诗集现藏南通市图书馆。另有著述《文集》2卷、《骈体文》4卷、《律赋》2卷、《选定诸生课艺》2卷。

姜焕亭（1854—1928）

名燿。如皋白蒲人。为姜任修太史之后裔，随曾祖迁居如皋。其祖父皆以医术闻名。他自幼勤学，20岁时为生计所迫，毅然弃举子业，从如皋北门名医胡焕章先生习岐黄之术。数年之后，尽得其秘，于痘科、幼科造诣尤深。于是辞别师门，悬壶济世，声誉鹊起。后应如皋育婴堂之聘，任驻堂医师。

姜焕亭在育婴堂期间，不分寒暑，风雨无阻，40余年如一日，救治婴儿难以数计。他常对家人说："救人一命，胜造七级浮屠；婴儿来日方长，求一命抵得数命！"

1921年北洋政府内务部颁布《管理医士规则》，各省中医为保护职业，纷纷组织"公会"。姜焕亭闻风响应，发起组织如皋医学公会，于民国十一年（1922）秋宣告成立。因他德高望重，以古稀之年被公推为医学公会的评议长。姜焕亭任职期间，处理会务尽心竭力，出以公心，多有建树。1923年，"如皋医学报社"成立，姜焕亭任撰述之职。1927年秋，医学会改选，姜焕亭辞去评议长一职。

姜焕亭为人耿介，心口如一，乐善慈爱，急人之难。贫困者就诊，他总是视情形免收或少收诊金；特殊困难者，他施给药物，不取分文。他说："贫者罹病，已是雪上加霜。倘再索其力所不逮之诊金，岂不是乘人之危，落井下石？"他不忘当年胡焕章先生对自己的教导，对医界的后生晚辈，总是循循善诱，诲人不倦，所以跟从他学习的人颇多，有程质夫、欧香岩、吴慕陶等，吴慕陶后来成为如皋地区的儿科名医。民国十七年（1928）夏，姜焕亭积劳成疾，但他仍勉力赴育婴堂应诊。当年农历十月初十午时去世。

沈来宽（1865—1930）

号广庭，清末民初蒲南镇、蒲北镇的总董，是当时显赫一时的知名人士。

沈来宽于清同治四年（1865）出生于白蒲一个封建士大夫家庭，曾祖父沈岐在清嘉庆年间曾任都察院左都御史。他从小聪明好学，光绪六年（1880）16岁时参加县试，进学后成为秀才，后来又先后在江浦、桃园等地担任过两任保学的老师。成年之后，他曾担任过隶属于通州的蒲南镇绅董。1910年前后，他购下白蒲镇东吴姓的东花园，并修葺一新，不久，他举家由州境迁往如境（如皋县蒲北镇）。1911年，辛亥革命后，原蒲北镇绅董郑蔼庭去世，沈接替郑的职务，担任蒲北镇总董，他原来担任的蒲南镇总董一职改由其四弟沈来荫（字敦甫）担任。1919年，沈来宽曾在丁堰乡办事处担任过助理员。

1921年5月，他同南通的张謇、张詧合作，把南通向北的公路修到白蒲。1923年，在白蒲镇西极乐庵附近，建成白蒲振蒲电灯股份有限公司。1924年前，白蒲市河狭窄，来往船只通过时要下桅并需抽去中板桥桥板，交通运输实为不便。1924年，沈来宽为了繁荣白蒲镇，便利交通运输，集资一万银元，组织劳力，在白蒲西侧开了一条大河，其后，在大河上筑了两座桥，一名"通津桥"（俗称"南洋桥"），一名"蒲安桥"（俗称"北洋桥"）。他还在西亭坝造了一道水闸，以控制水位。每到灾年他总拿出一些钱来放赈，发棉衣，资助灾民。光绪二十八年（1902）他创立白蒲镇公塾，接着于1903年首创蒲南镇小学校。他还担任过白蒲小学北校的校董、白蒲育婴堂董事，有培养儿童、护理收养弃婴等善行。1925年，蒲北镇改选总董，沈来宽离开政界。1930年，沈来宽在蒲逝世，时年65岁。

吴维森（1872—1917）

出生于白蒲镇一个"不善货殖，束脩微末"，因而生活清苦的家庭。21岁丧父后，他进入社会，目睹清朝政治腐败、屡遭列强入侵的现状，思想倾向变法维新，积极从事各项兴利除弊、除旧布新的社会活动。

1904年,吴维森32岁时,为了实现废除科举、兴办学校的夙愿,去如皋县城简易师范读书。1906年毕业,1907年回家乡创立了白蒲第一初等小学校(后简称"北校",即原白蒲印刷厂所在地),这是隶属如皋蒲北镇的第一所学校。吴维森的三弟吴维城,于1910年毕业于如皋县初级师范学校。毕业时,吴维城由于学习成绩优异,学校校长沙元炳邀其留校任教。在吴维森的影响下,吴维城毅然放弃在县城任教的机会,回到家乡创办了白蒲第三初级小学校(后简称"东校",原为梓潼殿改建,现新蒲路南居民大楼附近)。当时,初等小学学制四年,毕业后进高等小学学习三年,读完七年后进入中等学校,但中等学校仅有县城设立。吴维森筹办高等小学,意志坚定,矢志不渝,经过多次努力,在白蒲镇热心教育的人士帮助下,于1913年在白蒲第一初等小学内创设私立高等小学。由原校老师义务教学,吴维森自己带头任教,他十分注重提高学生的学习质量,前三届毕业生多数考入县城中等学校,为白蒲培养了一批人才。1917年,吴维森由于积劳成疾,不治逝世,年仅46岁。在他出殡之日,学生、家长为纪念其办学功绩,赠送"因材施教"匾额一块,以示永志不忘。

冒广生(1873—1959)

号疚翁,别署疚斋,蒙古族,祖籍白蒲,1873年4月生于广东潮州。冒氏第十一世冒起京自如皋迁居白蒲,为白蒲冒氏始迁祖,冒广生为如皋冒氏第二十世,白蒲冒氏第十世。白蒲西姚园唐堡等处,有冒广生家的祖坟。清光绪二十年(1894)中举,从俞樾、孙诒让等游学,在经史、目录、校勘、诗文等方面造诣颇深。

1898年应试经济特科,策论中引卢梭《民约论》,因而落第。清末,任商部郎中,四品京堂。民国初,曾任瓯海关监督等职。嗣后应邀赴广东修志。抗战前后任中山大学教授，后蛰居上海。中华人民共和国成立后，曾于上海市文史馆任职。1957年，毛泽东主席先后两次接见，慰勉有加。著有《冒巢民生平年谱》《如皋冒氏丛书》《蒙古流传年表》《吐蕃世系表》《小三古亭诗集》《小三古亭前后集》等。《小三古词话》收入唐圭璋《词话丛书》。美国《汉学目录》、日本《中华文化界人物总鉴》两书均收有冒广生诗文。

吴宗海（1875—1956）

字致中，是白蒲颇有名气的丹青人物。清光绪初年，吴宗海出生于白蒲书香门第，从小受到良好的文化教育。他的父亲是前清贡生，以教私塾为业，靠微薄束脩维持家用，生活比较清贫。吴宗海早年攻读旧学，曾考中秀才，后因科举废，乃入通师简易讲习科读书，接受新教育，结业后即回故里从事教育事业。

清光绪二十八年（1902），吴宗海等人创办白蒲小学堂，设初小4个班级，吴初任教员后任校长。民国初年，小学堂改名为"南通县蒲南小学校"（俗称"南校"），不久，白蒲教育会成立，吴宗海被推选为会长。其时，白蒲地方闭塞，入学者甚少。学生读完初小后无法深造，只好困居乡里，或从事商业。吴宗海见此情况，乃全力向南通县教育局申请增设高等小学。1922年始获批准，蒲南小学办起高级部，学制改为六年。高级部办起后，吴让贤辞去校长职务，退任主事，兼授国文、修身、美术等课。

吴宗海在学校任教三十余年，对学生循循善诱，诲人不倦，数十年如一日忠于教育事业，桃李盈千，遍于乡里。

吴宗海自幼学画，就教于里中画师吴明斋先生，后购买各家画集，不时临摹，勤奋自学，凡翎毛花卉、山水人物，无所不画。他的作品笔力雄厚而秀丽，色彩鲜艳而和润，深得绘画艺术的真谛。他所画的梅花、芦雁被推为上品，蜚声丹青界。晚年,他曾作《百雁图》和《梅花集》,拟印行出版,可惜碍于其他原因,多已散失,未能如愿以偿。吴宗海除善丹青外,还擅长书法,他写的隶体字工整、遒劲,乡中求其书写者甚多。

吴宗海为人忠厚、正直,热心公益,为乡里所推崇。他生平不慕虚荣,不趋炎附势,安于清贫,恬淡自若,因而自号"冷道人",晚年又称"恬翁",并以"冷道人""恬翁"作为绘画、题字时常用的笔名。1948年,他因病赴上海就医,由儿子奉养,1956年7月10日,因患胆囊炎,不治逝世,殁后,葬于上海龙华公墓,享年82岁。

陈春江(1887—1965)

又名陈锦波,原籍安徽歙县,是参加过辛亥革命武昌起义的战士。陈春江出生于一个世代经商的家庭。清朝末年,他父亲举家迁徙白蒲,在白蒲开设陈恒泰杂货店。

陈春江青年时代在学校中受到维新变法思想的影响和熏陶,头脑中埋下了民主与进步的种子。

清宣统元年(1909),他离家去南京的江南警察学堂求学。在校期间,他积极参加推翻清朝封建统治的革命活动,加入了由伟大的革命先行者孙中山先生领导的同盟会。后来,由于叛徒告密,警察学堂的同盟会小组受到破坏,组织上决定陈春江等四十多名学生分别转移到湖北、湖南的警察学堂求学,继续从事地下革命活动。

1911年10月10日,在武昌爆发了推翻清朝帝制的辛亥革命。当时,在湖北警察学堂读书的陈春江以学生军成员的身份,参加了这场威震中外的武昌起义。在战斗中,他勇敢善战,战功卓著,荣获了国民临时政府副总统黎元洪签署的嘉奖令(新中国成立后,此嘉奖令的影印件保存在江苏省辛亥革命纪念委员会),其后,他加入了中国国民党。

1913年,陈春江被派任湖北省老河口警察署署长。1917

年后，他回到如皋，在如皋县丁堰、车马湖、东陈等警察分驻所任巡官。1924年，调任泰兴县南区警察分驻所巡官。1925年回白蒲，任如皋县白蒲区警察署巡官。1927年，他被解职，在家中经商，做小本生意。

1933年，国民党政府重新起用他，任命为安徽省财政厅清理官产处委员。1935年，调任安徽省警察厅顾问。1936年，陈春江从安徽回南通，任南通县金沙警察分驻所巡官。1937年至1941年，他在南通市警察署历任港镇警察署、城北警察分驻所、市警察署巡官。1941年，他第二次被解职，仍回白蒲经商。

1947年，陈春江回到南通市警察局，担任市警察局督察员，直到1949年南通解放，精简回乡。

1951年9月，因他长期在国民党政府中任职，如东县公安局判决给予他管制处分。

这时的陈春江在白蒲，由于丧失劳力，儿子陈依仁又为革命牺牲（陈依仁于1944年参加如东县红园乡地下革命组织，1945年被伪军朱开治部下杀害），无人赡养，生活十分贫困。他写信向宋庆龄反映情况。中央人民政府内务部闻知后，责成如东县人民政府调查核实陈春江的经历，生活上给予妥善安置。后经调查，陈春江早年参加辛亥革命，后虽多年在国民党政府中担任职务，但在南通解放时有弃暗投明的实际行动。1952年9月，如东县人民政府决定撤销对陈春江的管制，并发给定额生活补助。

1956年，陈春江被推选为如皋县政协委员，后又被选为白蒲镇人民代表。1958年，担任第三届县人大代表。党和政府对他关怀备至，每月发给生活费，同时给予劳保，享受国家干部待遇，让其颐养天年。1961年，辛亥革命50周年，他应江苏省辛亥革命纪念筹委会邀请参加纪念活动，受到省委、省政府领导的热情接待。

1965年春,陈春江因患病治疗无效去世,享年78岁。

沈家桢(1891—1972)

字维周,土木建筑工程师,武林名家,陈式太极拳的传人。

1891年10月,沈家桢出生在南通县白蒲镇南大街一个布商的家庭。16岁时,到江西萍乡安源煤矿局工务科当学徒,三年后满师。这时正是辛亥革命前夕,清王朝腐败无能,割地赔款,丧权辱国。这一切激发了这位青年救国的热情,他毅然投身于革命洪流,参加了辛亥革命武昌起义。

1912年,南北议和,他被分配到北平平汉铁路总局技术室工作。不久,他参加美国人在上海举办的"万国函授学校",攻读土木工程和建筑工程两门专业,他先后读书六年,毕业考试成绩优秀,他的工程设计在詹天佑主办的中华工程学会论文比赛中被评为第一名,获得金质奖。此后,他被提升为工程师,担任平汉铁路局工务段段长。

1922年12月,沈家桢离开北平,随少帅张学良去东北工作,在沈阳担任东三省陆军整理处交通科长。1924年调往山海关,担任一、三联军司令部交通处长。1926年,调任京绥铁路局电报局长,重返北平。

沈家桢在平汉铁路局工作期间,曾投到杨式太极拳门下,从杨家父子——杨健侯、杨澄甫学习太极拳。他勤学好问、细心观察、善于思考,因此进步较快,功法和技艺得到了全面发展,在学拳同辈中是佼佼者。回到北平后,再度到杨家学拳,钻研拳理,并担任北平国术馆名誉董事长。后来,他收到局里处长李剑华送来的《太极拳理论集锦》的手抄秘本,用理论指导实践,拳技水平进一步提高。

1928年10月,河南省温县陈家沟太极拳名家陈长兴的嫡孙陈发科受北平同仁堂乐老板之聘来北平传授陈式拳术。沈家桢听到这一消息,如饥似渴地到该店拜师求艺,陈老师淳朴忠厚，有问必答，传授拳技毫不保留。因此，沈家桢从陈发科处领悟到了陈式太极拳的真谛。

沈家桢既谙熟杨式太极拳，又受传于陈式太极拳，加之他收集了大师武术资料，博览武林著述，博采众长，理通达变，因此拳术造诣极高。抗战胜利后，沈把在重庆期间自己多年练拳的心得加以整理，写下了《谈太极拳精义》一稿，指出练习太极拳所应遵守的法则，为太极拳运动制定了规范。

新中国成立后，沈家桢在浙江建筑公司任顾问工程师。1956年退休，任杭州市政协委员、杭州市武术协会副主席兼太极拳研究组组长。1961年夏，他受北京人民体育出版社的委托，撰写《陈式太极拳》一书。该书受到国内外读者的欢迎，还被译成英文、日文在国外发行。

吴慕陶（1904—1998）

原名吴宗富，系白蒲吴氏20世祖，随祖父迁徙如城。1918—1923年师从姜焕亭学习中医。1924—1936年，历任如城育婴所、保婴所、慈济会诊所医师。1937—1952年私人开业。1951—1954年任如皋医务工作者协会文书。1953—1981年任如城镇卫生院、如城中医学校教员。1981年4月任中医儿科主治医师。1986年退休。1988年11月晋升副主任医师。曾被江苏省卫生厅誉为"省名老中医"。

吴慕陶从事中医儿科临床工作70余年，精通中医基础理论和古典医籍，并有独特见解。他治学严谨，崇古厚今，择善而从，爱书如命，惜时如金，年耄耋而手不释卷。他博览群书，学识渊博，临床经验丰富，擅长儿科时气病，如痧、痘、惊等疾患，小儿肺系疾病，如小儿肺炎喘嗽、小儿哮喘、小儿脾胃病，小儿腹泻、疳症等。遣药组方，独具风格。主张"轻空灵活"，反对随意攻克。救治疑难杂症，疗效卓著，救人不计其数，对中医妇科亦颇有心得。多述而不著，有《论痿》《麻疹的临床和实践介绍》《小儿腹泻的证治探讨》等10余篇学术论文发表。

吴慕陶敬业崇德,行医济世,清正廉洁,遇有贫苦者,则施医施药,医德高尚,医术精湛,蜚誉雉皋。信奉道教、佛教,退休后仍热心于定慧寺、灵威观的修复,抄写经书,书法工整挺秀,字里行间透发出执业时"如临深渊,如履薄冰"谨小慎微的习惯和品格。他早年积极参加创办《如皋医学报》,新中国成立后历任多届如皋县政协委员,传略业绩入录1989年江苏省卫生厅编《江苏省级高级医师专长介绍》一书。

妙　善(1909—2000)

祖籍白蒲镇,祖父一代始迁郭园。1924年,16岁时,回白蒲镇"蒋恒兴"商店学徒,因随师母去法宝寺敬香礼佛,即萌发了出家思想。1932年出家,剃度于镇江焦山定慧寺地藏殿,赐法名"心慈",字"妙善"。先后住扬州高旻寺、浙江法雨寺等庙宇,"文革"后一直任浙江普陀名刹方丈,是普陀山佛教复兴事业的中流砥柱,中国乃至东南亚佛教界的杰出领袖。曾任浙江省舟山市政协副主席、中国佛教协会咨询委员会主任等职。

妙善照

妙善与全国佛协主席赵朴初合影

茅祖裕（1910—1997）

家住司巷口（今南魁星楼巷西首），幼年丧父，由寡母抚养至18岁时，母亦病逝，因此常居海门县舅父家，并在当地入学。1930年考入上海东南医学院，1935年毕业，获医学学士学位，并留院任眼科助教兼医院医师。抗战军兴，送家属回乡，"八一三"战争使他滞留于苏北。后因病至上海就医，又被聘任为光华眼科医院主治医师。日军侵沪后，他返回白蒲，在家开业。抗战胜利后，他受南通医学院之聘，任眼科负责人，1955年加入中国共产党，1957年任医院兼职党支部书记。1957后南通医学院部分科系迁校去苏州，办苏州医学院，他也随学校到了苏州。他是这两所医学院眼科的奠基者、知名教授，为新中国培养了一批眼科医生，其中有不少成了眼科专家。他以当时当地人民受害最多的眼病作为重点研究课题，如20世纪50年代以"沙眼致盲"为研究课题，60年代至80年代，以预防青少年近视眼和青光眼防治为主攻目标，深入调查研究，写成多篇论文和多部专著。他先后被中华医学会眼科学会选任为全国学会第一、二届委员，同时被江苏省眼科学会选任为一、二、三届主任委员，苏州市眼科组组长。1984年被全国医学会列入《中国当代医学家荟萃》一书，是著名的眼科专家，受到全国眼科医学界的尊重。

冒舒湮（1914—1999）

蒙古族，本名景琦，字小美，又字孝容。笔名舒湮，系清光绪举人、著名学者冒广生之五子。1934年毕业于上海国立暨南大学政治经济系，30年代的影评家、剧作家。曾任上海《晨报·每日电影》编辑，因写作《〈铁板红泪录〉评》一文而名扬影坛。他家学渊博，酷爱戏剧，才高八斗，早在30年代就以"舒湮"为笔名，在上海编写了《正气歌》《精忠报国》《梅花梦》等大量抗战话剧，同时亦为影坛、报社撰写了不少影评，如《"香草美人"是一个值得赞美的作品》

《〈压迫〉的出路》《〈铁板红泪录〉六人合评》《"健美的女性"评》等。著有《电影摄影论》《电影化装术》《中国电影的本质问题》等专论,剧著有《董小宛》。1942年在重庆任《新民晚报》副刊、《电影与戏剧》编委。新中国成立后任中国人民银行总行编辑主任、专门委员、研究员。改革开放后,发表回忆文章《记上海〈晨报·每日电影〉》。

程达人(1918—1995)

祖籍安徽绩溪。父亲陈秀卿留学日本,回国后居白蒲,在当铺当职员。他1929年高小毕业,1931年举家迁居白蒲镇西佳姚乡(现蒲北村),靠种田养鸡为生。程达人在家刻苦自学,在父亲指导下,攻读日文和医学基础知识,其后在家开设简易诊所。

1933年,在白蒲镇地方医院服务。1939年春,考进日本民间人士在华创办的上海厚生医学塾。两年后该塾改为"上海厚生医学专科学校",他升入该校继续深造,原学内科,后改为外科。1942年7月,以第一名成绩留校担任助教,同年11月,由学校推荐,前往南京汪伪中央大学医学院任助教兼课堂日语翻译。1944年辞职仍回上海母校工作。同年8月,他应聘回到家乡,在江北中央病院(即南通医院)外科工作。1945年8月,日军投降后,国民党接收南通医院,陈达人被聘为外科主任。1948年,因南通大生公司接管该院后无力支付医生薪水,他便和茅祖裕二人在南通濠阳路20号开设私人诊所,实行半天门诊。

1949年春,新中国军管会代表接收南通医院,程达人仍担任外科主任。1955年出席全国劳模大会,1965年加入中国共产党,1960年出席了全国文教群英会,被任命为南通医学院附属医院副院长,后升为院长。

"文化大革命"中,他被作为骨外科的"反动学术权威"遭受迫害,身心受到摧残,但仍忘我地工作,用他高超的技术为病员服务。粉碎"四人帮"后不久,程达人恢复原职,他焕发了青春,一心扑在工作上。

他千方百计筹集资金,兴建附院门诊大楼,增添不少医疗设备,改变了医院面貌。他还分期分批地送医务人员到上海等地大医院对口培训,提高了医务人员的水平,他的不少学生成了省、市、县医院的领导和业务骨干。据1984资料,新中国成立后,全国进行人工关节手术880多例,而他一个人就做了86例。他先后发表学术论文72篇,并多次获得省、市学术论文奖。20世纪50年代以来,他多次出席国家级的学术会议,先后12次被评为全国、省、市劳动模范和先进工作者。他从医、从教50多年,全心全意为病人服务,在医学领域作出卓越贡献,在南通地区人们心目中有着崇高的威望。

吴敬基(1918—1998)

字础深,生于白蒲镇街东村曹家桥。自幼聪慧敏学,先后在曹家桥初小、顾高桥小学和如皋中学附小求学,初中毕业时荣膺九县考生之榜首。"七七事变"后在东台县草堰镇省立临时联合中学续学,又由省厅保送到河南"国立"第一中学深造,后被"国立"中央大学师范学院教育系录取。在大学求学期间,为重庆《中央日报》"建国教育副刊"总编。中大毕业后,步入政界,先后在军委侍从室、国民政府文官处、总统府人事处任职。国民党政府去台湾后,吴敬基始任台湾屏东中学校长。嗣后,调赴教育部工作。1957年派驻美大使馆任文化专员。驻美期间在华盛顿大学进修,获教育硕士学位,仍自强不息,继续攻读博士学位。1960年奉调回台,在选拔财税人才、转化科研成果、倡导多种经营、推广实用技术、改制高等教育、兴办实业公司、掌理教育视导、发展社会教育、辅导教育行政诸多方面不畏艰苦、开拓创新,颇有建树。

1994年,捐助桑梓人民币20万元,其中14万元用于白蒲小学建游艺楼，6万元建新姚小学幼儿园教室，因幼儿园改制，此款仍划归蒲小。

吴敬基以读书写作自娱，论著颇多，代表作有《我国职业与专科教育之发展》《企业组织与管理新论》《人性管理之研究》《渔盐民、矿工及一般贫民生活之研究》《中华民国开国史》《朱执信传》《傅斯年传》等。

刘瑞清（1906—1947）

白蒲最早的共产党员。原名刘翠英，白蒲镇松杨村人。父亲刘虎，是一名私塾先生兼乡村医生。兄妹4人，排行第三，1924年在白蒲小学毕业后考入如皋县女工传习所。在"五四运动"的影响下，她关心国家大事，积极参加抵制日货和要求赎回胶济铁路的游行示威活动。1926年加入中国共产党，并担任女工传习所党组织的负责人。1927年1月，任国民党如皋县党部妇女部长。同年春，与中共如皋县党组织创始人陆植三（景槐）结婚。后一直从事党的地下工作，为营救被捕的丈夫各地奔波。陆植三获释后她积极支持他从事抗日救亡活动，积极支持他寻找党的组织、重返革命队伍，还曾掩护过我党干部的亲属。由于她长期辛苦，积劳成疾，于1947年夏不幸病故，时年仅41岁。

刘瑞清照

陆植三照

刘瑞清与陆植三二人的后代合影照

顾锡爵（1848—1917）

字延卿，白蒲镇顾埭村人，是南通近代史上老"四才子"（张謇、顾锡爵、朱铭盘、范当世）之一。祖暄为进士，是礼部仪制司主政。父汝玉为举人，任景山宫学教习，惜早卒，家道中落。锡爵童年自京返乡后，刻苦攻读。

同治七年（1868），与张育才（謇）、弟锡祥（仁卿）等考取同榜秀才，不久成廪贡。育才因"冒籍"事受困如皋时，他参加救援，遂成一生知己。

光绪五年（1879）末，应两广总督张树声邀为幕僚。光绪八年（1882）三月因李鸿章母逝，张代直隶总督自羊城赴津、京，顾随往。同年六月，张参加重大决策，迅速派兵入朝鲜，挫败日本国在我保护国的政变阴谋。张树声病逝不久，顾至保定莲池书院从古文大师张裕钊学，顾随侍两年，学业更进。光绪十四年（1882），张裕钊好友薛福成任出使英、法、意、比四国大臣，遂荐顾为薛从五品知州衔文牍（秘书）。顾遂随薛出洋，奔波于巴黎、伦敦、布鲁塞尔、罗马等地，"于邦交大计，多居赞画"。公使馆20余人，戮力同心，阻断了英国妄图吞并新疆的计划；签订《续议滇缅界务条款》时，对法国寸土不让，维护了云南一带领土完整；跟四国政府交涉了多起"教案";代国家订购、运输钢铁厂、布厂、电报公司等成套设备;建议朝廷在相关国设领事馆,获准后首派公使馆成员黄遵宪为驻新加坡总领事,保护侨胞利益;为了拉丁美洲华侨权益,代朝廷起草《许巴西墨西哥立约招工说》等系列文件;数次赶往柏林与驻俄、德、奥、荷四国公使洪钧及其继任许景澄等商讨对付欧洲列强之策略与办法……还于百忙中为张謇办事,所求甚多。

外交生涯使顾对照国内封建君主专制下的种种怪现状,感慨良多。于是光绪十九年(1893)期满回国后,谢辞"授知州实缺,奉朝议大夫"赏赐,投入维新变法运动,在京向各界介绍西洋见闻,与谭嗣同、林旭、梁启超、沈曾植等结为知音。经戊戌政变、八国联军侵华,他悲愤填膺,写感事诗多首,抨击"相公荣禄"及颟顸官吏,痛悼珍妃,怀念爱国将领聂士成。在"试经济特科"时,秉笔直书:"国之弱由于上无道,下无学,救亡以揆度为急务。"公然要求慈禧等检点自己的"无道"。当然遭到斥责。不久见"国事为极难",便返回南通州,身体尚可时曾协助张謇办大达轮船公司,振兴大生纱厂,筹办博物苑,拟订中小学章程,并创办顾埭小学。暮年退居家园,但未忘怀国事。以"惟祈猛士如风起,扫此残衰见太平",迎接辛亥革命;以"纪纲扫地夸破坏,生民涂炭云有功,可坑可烹即此辈……君不见袁世凯黎元洪",痛诛独夫民贼。可见在"四才子"中,顾的思想比较"前锋",他由封建儒生最终成为自觉的资产阶级民主革命者。

有《顾延卿诗集》12卷,收诗作2 000余首,铅印传世。薛福成逝后,作为首席秘书,他为之编辑《出使日记》《出使奏疏》并出版。另有《顾延卿文集》20卷、《顾延卿日记》46卷、译著《法兰西史》120卷,皆以手稿藏于顾埭村故家,有待查考。顾锡爵逝后,张謇怀着沉痛心情写了挽诗。其弟仁卿为举人、张之洞秘书。其孙仲起为1928年江苏省委领导的如泰农民五一大暴动军事指挥、著名左翼作家，茅盾、郑振铎、蒋光慈等之挚友。

陈其嘉（1861—1934）

字君谋、可则，晚年号肩叟，白蒲林梓人。其祖籍为安徽祁门。元末，先祖陈启桐自安徽迁至如皋丁堰，后再迁往如东石甸，他的十四世祖陈仲策再从石甸迁至林梓。留在石甸的一支比较富裕，清时以习武为官而出名；陈其嘉家境贫寒而文才超群，当时人称两支陈氏家族为"南北阮云"。

陈其嘉是光绪己丑科(1889)举人，曾任大桃县教谕，国史馆誊录，负责办理本省营防文案，清皇赐五品顶戴，投供吏部以拣选知县，注册署理高邮州学政。

陈其嘉成名后，正值康梁维新变法，县政权逐渐转入绅士之手。当时沙元炳为县实业要员，遂请他帮办县务。此后，凡涉及团练、自治、学校、农会、商会、教育以及清丈水利、修志管理等公务，他都参与，前后历30年之久。沙元炳去世后，陈其嘉单独主持将《如皋县志》（民国志）修完，为如皋做出一大贡献，得到全县各阶层的称赞。他在县任职期间于1906年2月办起了当地最早的公立小学校之一——林梓初等小学堂（即林梓小学的前身）。

据县志载："他著有《瞿思室诗文稿》若干卷。"甲戌年十月三日（1934）逝世，终年73岁。

顾仲起（1903—1936）

名自瑾，1903年生于白蒲镇西顾家埭，为顾锡爵之孙。父亲和伯父都是清末秀才，家中有些田产，还开了一家油坊。虽家道中落，但从小受到很好的古典文学熏陶。"五四运动"时期，他就读于民立通州师范，与同学刘瑞龙等组织文学社团，开始以反帝反封建为主题创作进步的白话文小说，和名作家茅盾、郑振铎等联系颇多。先后在郑振铎主编的《小说月报》上发表了《深夜的烦闷》《最后的一封信》《归来》《风波的一片》《碧海青天》等作品。《归来》是他的成名之作,茅盾对他很赏识,大加赞赏并奖励。

1924年春,顾仲起加入中国共产主义青年团。1925年秋,只身南下,考入黄埔军校第一期步兵科。他能写善辩,擅长宣传鼓动,参加了蒋云先和陈赓在周恩来、

顾仲起照

恽代英支持下办起的青年军人联合会,出版反帝周刊,开展革命宣传。顾仲起在军校办公室秘书胡允恭和潮州分校教育副官兼中队长廖运泽介绍下,秘密加入中国共产党,被编在特别支部里,为组织提供了不少重要情报。时领少将军衔的政治教官刘文岛,在黄埔军校众多教官中是唯一的留学博士和大学教授,对从黄埔一期结业后分在潮州任上尉衔文书官的顾仲启十分青睐,处处关心。顾仲起每到广州办事,刘文岛必邀他小酌,谈论文学与时局,十分投机。

1926年9月,湘军第一师师长唐生智倒戈起义,起兵衡阳,进攻长沙。唐被任命为国民革命军第八军军长。刘文岛被任命为第八军党代表兼政治部主任,授予中将军衔。一个多月后,刘文岛调顾仲起到第八军任35团(团长古鼎华)教导员,升为中校。顾仲起离开广东潮州,来到长沙。不久,蒋介石调刘文岛去武汉,担任汉口特别市市长,兼国民革命军总政治部副主任,利用刘文岛牵制时任总政治部主任的国民党左派领导人邓演达。"四一二"事变发生后,刘文岛了解到一向器重的顾仲起确实是中共秘密党员,尽管内心很不快,但出于爱才惜才,他仍想方设法地拉顾仲起一把。顾仲

起所驻浏阳的35团杀人很多,连妇女、小孩都不放过,这使有正义感的顾仲起感到震惊。为了避免杀身之祸,顾仲起逃离浏阳,他决心返回家乡开展革命活动。当时如皋县委书记王盈朝打入国民党县党部任宣传队队长,见顾穿着北伐军服威风凛凛,也未敢询问他的真实身份,就把他送到县党部对面的中央旅社歇宿。王盈朝刚回到县党部,就听说县长王浩然正派人捉拿北伐军来如皋接头的共产党。王盈朝意识到可能就是顾仲起,忙又回头去中央旅社,把顾仲起送到如皋西门兴仁小学地下党员熊仁福校长处。可惜已被反动军警盯上,王盈朝刚离开兴仁小学,反动军警就把顾仲起逮捕,并押送到南京。

顾仲起被军警押解到南京,关在羊皮巷一临时拘留所里。刘文岛得知亲往探望,并敦请温健刚放人,称顾是他的得意门生,表示自己愿作担保人。温健刚为难地表示,他无权放人。刘文岛考虑再三,转托与他关系尚可的国民党元老、中央常委吴稚晖出面保释出了顾仲起。

1928年4月,顾仲起任中共江北特委军事委员,陪江苏省委农委书记王若飞、特派员张安志来如皋,在如皋县党部内召开县委负责人会议,组织发动"五一"农民暴动,顾仲起被任命为如皋起义总指挥。5月1日,顾仲起指挥如皋西乡农民首攻文武殿县公安大队驻军,接着在江安区朝西庄召开3 000多人的誓师大会,先后发动两万多人攻打火烧敌据点2个、地主庄园23个。后因国民党调集6个县警察大队联合"搜剿",暴动失败,顾仲起流亡去上海。

顾仲起寄居上海期间,生活相当艰苦,但仍坚持专业创作。几年里顾仲起心无旁骛,勤于笔耕,20世纪30年代初,他应现代书局之邀约,写出中篇小说《疯狂者》《流浪者自传》《红烛泪》,长篇小说《小凤仙姑娘》等,出版后皆轰动一时,拥有很多读者。1932年夏,顾仲起加入进步文艺团体太阳社,成为太阳社的主将。文坛上将他与蒋广慈、洪灵菲称作鼎足而三。1936年夏,顾仲起因女友被国民党军警杀害,极度悲愤,难以自拔,自沉黄浦江而逝,年仅34岁。他的英年早逝令茅盾、巴金、林语堂、郁达夫等文坛知名人士甚为惋惜。他的著作结集出版的有《生活的血迹》《爱的疯狂者》《笑与死》《坟的供状》《葬》《残骸》《红光》等。

沈幼征(1918—2004)

1918年9月3日生,白蒲镇现林梓街区人。中国民主促进会会员,著名学者,杭州师范大学教授,毕生从事国学研究和教学工作。

沈幼征为明代避祸隐居高阳荡的巨富沈万四之后裔。其祖父沈京生,清道光二十五年(1845)仕浙江嘉兴知府,咸丰七年(1857),太平军攻陷嘉兴时罹难,后清政府追赐"世袭四品云骑尉"。其母亲朱氏乃名门闺秀,名佩,字珩芳,懂医道,工诗词,有《梧月松风馆诗录》存世。

沈幼征6岁入塾,开蒙课八法、习柳书,所学功课,过目不忘。1926年入林梓小学,品学兼优,诵读、写作用时仅为诸童子之半,书法亦初见风骨。1932年考入如皋县立初级中学,国文及书法方面的才能让人刮目相看。1935年考入如皋师范,钟情于唐诗宋词,常在图书馆秉烛夜读,且乐与为师者研讨,学识日渐精进,时有佳作刊于校报。1937年毕业。日军侵华后,因战乱失学,但初衷不改,发奋自学,遍读家中所藏经史典籍。1939年9月考入上海私立无锡国学专修学校,从此专修国学。在名师指导下,进入了训诂、音韵、注疏等国学研究的领域。1942年7月以优等生资格毕业,时年24岁。

嗣后4年间一直奔波于江浙、沪杭求职,结识了一批有识之士和国学学问家,特别是与现代学者、教育家、书法家马叙伦相识,结为忘年之交。

1946年在杭州之江大学(今浙江大学)任中文助教之

职,但唯稻粱谋而已。1949年后,16年间,先后任杭州市4所高中的语文教师及语文教研组长、杭州市教育局教研室语文教研员和杭州市教师进修学校讲师。自成一家的学术著作和论文《唐宋诗词选释》《唐宋文学作品选》《林和靖诗集》《独破庐诗词稿》等相继问世。1966年"文革"初肇,他以"反动学术权威"之罪获辱,被关进"牛棚",接受"审查"。1975年3月,他在《晚年的希望——也像遗嘱》中,表达了自己坚定专业的信念。鉴于他在古汉语研究中的高深造诣,同年浙江古籍出版社邀其出任编审,他继续孜孜以求,博学厚积,成为传承国学的耕耘者和弘扬精粹的守望者。

中共十一届三中全会后,周恩来总理生前亲自筹划的一项浩繁精细的文字工程——编纂《汉语大词典》正式启动。1980年中央政府从国内学术界遴选313位国学专家聚京,共襄修典大举。62岁的沈幼征得以枯木逢春,躬逢其盛,荣膺主编委员,成为1—13卷72位编辑委员和第2卷定稿编辑委员之一。他以渊博的学识,与众编委齐力完成了这一巨著的编纂集成。成书之日,喜极而泣,沐浴焚香,以慰周总理在天之灵。

1994年5月14日,沈幼征在首都出席《汉语大词典》编纂出版胜利完成庆功大会,获江泽民、李鹏、李岚清等党和国家领导人的接见和奖掖。

沈序(1919—1957)

原名沈达权,又名沈絮,白蒲镇现林梓街区人。中国作家协会会员、俞铭璜之妻。其夫俞铭璜是我党著名的马克思主义理论家,曾任江苏省委宣传部长、南京大学中文系主任、华东局宣传部副部长。

1919年沈序生于一个破落地主家庭。1934年,年仅16岁的沈序在南通女师读书期间即参加"左联"新民剧社,翌年又参加如皋进步文艺团体"春泥社",并借南通地方报纸编辑副刊《甘凤》宣传抗日和参与革命活动。同年冬,她参与南通"一二·九"运动,组织女师同学赴京请愿斗争。1936年春加入中国共产党,后因领导人被捕与党失去联系。1937年秋,一度到东陈小学任教。抗战爆发后,加入抗日救亡宣传队。在赴延安路经徐州时,与"中华民族先锋队"接上关系,被派到河南潢川"第五战区抗敌青年军团"从事革命活动。次年秋,

沈序青年照

去大别山区参加了新四军,又重新加入共产党。1940年,根据组织指示,回苏北从事党务、群众、学校教育工作。1947年内战爆发,随军北撤,不幸身染重病,辗转病床达10余年之久。1949年新中国成立后,在大连治病,克服无外语基础和记忆力差等困难,开始进修俄语,边治疗边工作,先后在江苏省妇联、文联和中苏友协任职,后专职从事文学翻译工作,先后翻译了苏联长篇小说《快脚鹿》《冲击》《酒朵寄

沈序(右三)在女师学习期间与张孝若(左四)一家人合影

卡》等文艺作品以及一些论文和诗歌达40多万字。1957年5月16日,在与他人日夜赶译苏联文学作品《走向幸福生活之路》即将告成时,因心力衰竭与世长辞,年仅38岁,被追认为革命烈士。沈序的故居,在现林梓小学校园内,已列为如皋市文物保护单位。

名流接踵

"蒲虽弹丸邑,而名流接踵,流风余韵自宋迄今未绝。"清《白蒲镇志》卷八《艺文志》称:"镇中前贤著作寿之梨枣者不下百种。其珍藏箧笥者,付剞劂及今犹存遗稿者又数百种。"清代中叶,蒲塘文风鼎盛,姜仁修的白蒲书屋声名远播,著作甚丰。许多诗集和文集为北京图书馆、南京图书馆收藏。蒲塘十子在当时文坛中负有盛名。姚鹏春曰:"择其确有可传之籍者录之",有经部著述13种,史部著述17种,子部著述27种,集部著述75种,合计各种诗文著术127种。岳飞、文天祥皆亲过蒲上,使"锦上增光"。郑板桥、袁枚,傅商佐在蒲"留连不忍去""追陪者甚众",留下许多佳话。

岳飞与济忠井

岳飞(1103—1142),南宋抗金名将。字鹏举,相州汤阴(今属河南)人。北宋末年投军,在军中任"秉义郎"(下级军官)。南宋王朝建立,因上书高宗反对南迁,被革职。不久,随宗泽守卫开封,任统制。泽死,从杜充南下。建炎三年(1129)金兀术渡江南进,他移军坚持抵抗。次年,他攻击金军后队,收复建康(南京),绍兴三年(1133)因镇压江西地区农民起义军,得高宗所奖"精忠岳飞"锦旗。次年,大破金傀儡伪齐军,收复襄阳、信阳等六郡,任清远军节度使。

岳飞神像

绍兴五年（1135），又镇压洞庭湖地区杨幺农民起义。后驻鄂州（今湖北武昌），屡次建议大举北进。绍兴九年（1139）高宗、秦桧与金议和，他上表反对。次年，金兀术军进河南，岳飞出兵反击，在郾城大败金军，收复郑州、济阳等地。但此时高宗、秦桧一心求和，下令退兵，并将岳飞召回临安解除兵权，不久被诬谋反下狱，以莫须有的罪名与养子岳云、部将张宪同被杀害于风波亭。嘉泰四年（1204），宋宁宗追封岳飞为鄂王。有《岳武穆遗文》存世，诗词散文都慷慨激昂。

济忠井

建炎三年（1129）东京留守杜充弃东京南下建康，任江淮宣抚使，部属岳飞随其南下。杜兵败于马家渡后，岳飞率部在今苏北一带组织抗金，受命为通泰镇抚使。这一年，金兵大举南侵，楚州（今淮安）陷，如皋陷。岳飞得高宗金牌，令其出兵还击。岳飞由泰州率岳家军北上。曾统兵经过白蒲、如皋，屡战屡捷，收复失地。如今白蒲留有一口岳家军使用过的古井，名"济忠井"。清《白蒲镇志》载："济忠井，在白蒲关北。宋岳飞曾总兵过此，时值亢旱，河水尽涸，唯闸北有井，中注清泉，方虞一勺之水不能偏饮，飞对井拜祝，泉即涌出，味甘如醴。公语人曰：'此井有灵，宜谨护之。'今数百年，岁旱不竭。"

济忠井现仍存于镇河西北侧，水量充足，供居民饮用，与如皋岳飞行军吸水用的"度军井"齐名。济忠井已经如皋市政府批准为文物保护单位。

文天祥与白蒲闻马河

文天祥像

文天祥（1236—1283），宋理宗宝祐四年（1256）状元。德祐二年（1276）二月元将伯颜兵围困临安城。宋端宗赵昰年幼，由谢太后掌权。太后拜文天祥为右丞相，派其至元军营谈判。文天祥提出伯颜必须退兵平江(苏州)或嘉兴。伯颜态度骄横，自持兵力强大，临安指日可下，遂拘捕文天祥等人，并派兵将其押送大都（北京）。行至京口（镇江），文天祥以大义说服解卒，与幕客杜浒、金应等12人脱逃至扬州。扬州宋将李庭芝误信溃卒之言，疑天祥有诈不纳，又申言要捉拿文天祥等。后文天祥易姓名改服装，得樵夫相救逃往高邮。文天祥欲东渡入海未遂。嵇家庄民嵇耸迎天祥至家，后遣其子德润护送文天祥至泰州，未敢入城。文欲由海安至通州（南通），闻如皋已被元军占领，遂由小道绕过如皋至马塘。其间文天祥写下了《过如皋》诗三首，其中一首云："雄狐假虎之林皋，河水腥风接海涛。行客不知身世险，一窗春梦送轻舟。"

文天祥在马塘欲雇船东渡入海未成，1276年二月二十一日,船泊白蒲南五十里处,今通扬运河河道中。当时如皋县令受元朝命令,遣骑追捕文天祥。当夜,一个驿使向文天祥报告了消息,文天祥路过白蒲没有停留,急令船夫张帆起航即南行,船离岸不久,岸上传来了捉拿文天祥追兵的马蹄声。此后,文天祥心生感慨,写了一首《闻马》诗:"过海安来奈若何,舟人去后马临河。若非神物扶忠直,世上未应侥幸多。"白蒲人为了纪念和缅怀这位重节气的英雄,把他泊船的白蒲镇南这段河道定名为"闻马河"。此河段盛产银鱼,通体透明,后人为纪念文天祥又将此鱼称为"文鱼"。

文天祥在五十里不敢贸然南行,怕重蹈扬州之覆辙而进退两难。其即修书一封,命人送往通州,说明京口逃脱实情,欲由通州渡海南归。当时通州地处江北一隅,未遭元军铁骑践踏。文天祥颠沛流离、死里逃生,在焦虑不安中又写下了《过白蒲》一诗:"北去通州号畏途,固应孝子为回车。海陵若能容羁客,剩买菰蒲且寄居。"

傅商佐与傅公诗碑

由杨春和、秦镜泽、沈恒希、严衡夫合编的《法宝寺诗钞》(已出版)

傅公诗碑

　　傅商佐，名希说，字商佐。武城人，进士出身。明宪宗时，任河南省按察使司佥事。明成化年间（1465—1487），因"奉敕清理畿内屯粮，兼审刑狱"，数次住法宝寺，四游法宝寺均作诗，记述感受。住持因其诗"超乎众作"，故刻碑石展出，称"傅公诗碑"。因年代久远，该碑早毁。法宝寺修建时"傅公诗碑"由杨春和先生捐款复建。

李鱓流寓白蒲卖画

李鱓像

　　李鱓（1686—1757），字宗扬，号复堂，别号懊道人，清朝名画家。兴化县人，康熙年间举人。曾为宫廷画师，因作品不合规格而被免职，后任滕县知县，又因得罪大官而罢官，在扬州卖画。他流寓白蒲，住宿镇南梅熟庵或蒲东绘春园，往来蒲上数年，与白蒲当时的一些文人雅士都有交往。他乘兴挥洒，涉笔成趣。凡落款书"李鱓"的作品，都是他的得意之作，酒带醉意后，就高声吟诵陶潜"闻多素心人，乐与数晨夕"的诗句，

137

或说："我将于蒲营菟裘以老焉。"他的儿子叫李官,同样善于绘画,也常到蒲做客。

他是"扬州八怪"之一,白蒲旧家都有他的藏画。

李鱓1751年作《荷塘清趣》立轴图

郑板桥与蒲镇本姓叙谱谊

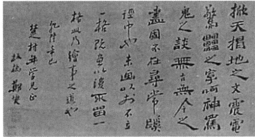

郑板桥手迹

郑板桥像

郑燮（1693—1765），字克柔，号板桥，江苏兴化人。康熙三十二年生于清寒之家，直到乾隆元年（1736）45岁时始获进士功名，自称康熙秀才，雍正举人，乾隆进士。历任山东潍县、范县知县达12年。为人坦诚旷达，在任时勤修吏治、关心民瘼，后因办理赈灾事务得罪豪门，毅然"扯碎状元袍，脱却乌纱帽"，与官场决裂。

郑燮罢官后，浪迹维扬通如一带，以鬻字卖画为生。擅写兰竹，以草书中竖长撇法运笔，体

郑板桥兰竹作品

貌疏朗，风格劲峭。工书法，用隶体参入行楷，自称"六分半书"。能诗文，作品描写人民疾苦颇为深切。所写《家书》《道清》，自然坦率，为世所称。作品汇入《板桥全集》。为"扬州八怪"之一。

郑燮"寓居白蒲最久，与镇上诸郑叙谱谊，定称呼，以年以月，留连不忍去"（清道光《白蒲镇志》语），以白蒲为第二故乡。法宝寺"藏经楼"匾额为其所书，他的"白菜青盐粯子饭，瓦壶天水菊花茶"的"白菜瓦壶"联为白蒲人所乐道，留下的墨宝远不止此，皆失佚不存。他的书画作品对蒲塘艺风人情影响较深。被誉为"画家三绝"的郑大孚的菊、姜恭寿的梅、吴柳村的兰菊，均酷有板桥爽朗挺拔的风格。

袁枚与顾驯的友谊

袁枚（1716—1798），字子才，号简斋随园老人。浙江钱塘（今杭州）人。清诗人。乾隆三年（1738）进士，选授翰林院庶吉士，曾任沭阳、溧水、江浦、江宁等地知县。33岁时辞

官，侨居江宁（今南京市），筑园林于小仓山，号随园。他用近50年时间，自己刻印了《随园诗话》16卷，补遗10卷，是一本诗论的专著。书中提倡灵性说，在一定程度上要求摆脱儒家诗歌的束缚，反对泥古不化。书中采录和肯定了一些不满封建礼教和程朱理学的诗篇。还善散文，所作书信颇具特色。除《随园诗话》外，还有《小仓山房集》和笔记小说《子不语》等。

　　清乾隆二十四年（1759）冬，袁枚在扬州，见门生刘伊有《游平山诗册》，册中收入十几个人的诗作，都押"卮"韵。袁枚唯独欣赏白蒲秀才顾驷"清响忽传楼外笛，严寒争避手中卮"之句。顾驷，号木原，又号沙苑，于乾隆二十五年（1760）中举，次年又中进士，出任湖北汉阳府同知和襄阳府知府等职。从湖北做官回蒲，建造北园。他"集名流分韵赋诗，语多奇警，工书法，得其墨迹者皆宝藏之"。乾隆四十三年（1778），袁枚应邀到白蒲顾驷家作客，"一时追随者甚众"。在白蒲数十日，袁枚点评了如皋知名诗人江干的诗作《晓发白蒲》《题北墅先生花雨堂》（北墅先生，即顾云），赏析了顾驷的诗作《西湖》，还为乾隆辛丑科举人姜恭寿（号香严）撰写了《姜香严墓志铭》。

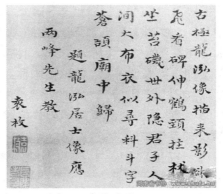

袁枚手迹

袁枚诗《所见》

袁枚像

金泽荣与白蒲钱郑至交

金泽荣（1850—1927），字于霖，号沧江，韩国京畿道开城郡（今朝鲜开城市）人，著名历史学家、文学家、爱国思想家。1905年辞官逃亡中国，在张謇的帮助下，定居南通，与白蒲钱浩斋、郑之沅是最好的朋友，曾到郑之沅家做客，撰《半屿园记》《泽庭公传》等。

金泽荣像

张謇数次莅蒲

张謇（1853—1926），清光绪状元，著名实业家、教育家，是南通实业和近代第一城的先驱。民国十年（1921）5月，南通至白蒲的公路修筑完成后，张謇化装成普通百姓，雇一辆独轮车，沿公路北上，至白蒲进行实地考察。民国十二年（1923）白蒲地区大雨成灾，他亲临白蒲镇考察水利，倾听沈广庭的意见。后疏浚了白蒲至李桥的河道，并建利民闸，引流长江，使白蒲地区免除了水患。民国十二年左右，张謇因病到白蒲就诊，蒋启忠医生因为他治病而成名。此外，张謇对法宝寺多有乐助。

张謇像　　　　　　　张謇手迹

沙元炳到蒲调解水利纠纷

沙元炳（1864—1926），字健庵，别号石为鬘。世居如皋，父亲沙赢仙，母亲孙濂贞，博学多才，教子甚严。沙元炳自幼好学，手不释卷，曾中过举人、贡生，1894年应恩科殿试中进士，1898年授翰林院修编，后辞官回归故里，致力于兴办地方实业和教育事业。先后创办如皋师范学堂、如师附属小学及测绘专科学校，续办如皋县工程工业学校，并办了很多工厂、医院、中药铺、钱庄。1904年当选为如皋商会会长。支持辛亥革命。先后出任如皋县民政长、江苏省议长、县水利会会长及测绘局局长。1927年1月29日病逝。遗著有门人项子清、姚泽人编辑的《志颐堂诗文集》6集。

1923年白蒲地区东乡发大水，东乡农民要开西亭坝放水，西流入江，可是白蒲西乡河道淤塞，根本不能导水入江，开坝后，蒲西的大片田地将被淹没。于是，东乡、西乡群众数千人聚集坝上，因是否开坝即将发生一场恶斗。白蒲镇南北总董劝退两乡民众，急请如皋有名望的人士沙元炳到蒲调停。经沙调停，暂不开坝，由西乡筹款适当补贴东乡。沙又呈请县府赈济，这样，消除了一场风波。

沙元炳像

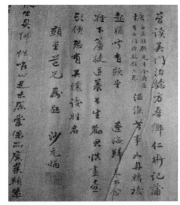
沙元炳为白蒲名医题词

白蒲

战争遗迹

日本侵略军在白蒲设立"慰安所"故址

1937年7月7日,日本侵略军在北平卢沟桥发动了侵华战争。1938年3月17日子夜,日军板垣师团饭冢旅团2 000余人从南通狼山登陆占领了南通。3月18日晨,日军水陆并进,由知由少佐率领占领了白蒲镇,大肆进行烧杀抢掠。

原北石桥东巷是连接镇西乡与市大街的重要通道和繁华地段,两侧有肉店、饭店、餐馆、小吃店、理发店、浴室、旅馆等,日军利用此处有利条件,在中兴旅馆内设立了"慰安所"。为大肆奸淫,日军有计划地下乡抓"花姑娘"。8年间,近百名良家妇女被强抓,强征,遭受蹂躏。落入虎口的妇女,很多被暴虐至死;部分幸存者背负身心伤痛,有的不能生育,有的变疯,有的

慰安妇证人周粉英生前照

生病或含恨而死。

白蒲镇杨家园村五组周粉英是江苏省唯一一位公开自己身份的"活证人"。她生前讲述了自己被抓,被关,在"慰安所"——中兴旅馆内被蹂躏强暴的实况。如皋市司法局保存有记录证据的公证光盘。新中国成立后,原中兴旅馆房屋在镇区建设中部分改建,日本侵略军在白蒲设立的"慰安所"故址现存原主房5间,即现史家巷1号2间,商店仓库3间。

薄刀池村的浩劫

薄刀池村坐落在白蒲镇北约1.5千米的原通榆公路西侧,因有一方酷似菜刀形的大池塘而得名,是一个仅有20几户人家聚居的小村落。就是这样一个小村庄,曾经遭受过日寇铁蹄的蹂躏。

1938年4月23日,日军从白蒲下乡来到薄刀池,兽性发作,一下子将10多户人家的房子全部烧光,年轻力壮的死里逃生,拼命呼叫,年迈力衰的身陷火海,被活活烧死。81岁的邵老爹被烧得面目全非,面颊、鼻梁都难以分清。村民吴中元的老母,70多岁,在床上已瘫痪3年,那天她坐在猪圈门口晒太阳,不意遇上日军放火,来不及转移,亦葬身火海。

5月3日,日军又在薄刀池村庄莫名其妙地抓捕了10人,其中张文、李文伯、潘七、蒋和尚、顾门三和女婿及哥哥等7人被送到白蒲镇关押起来。

薄刀池近照

第二天，凶残无道的日军强迫他们自己挖泥塘，自己挑水，搅泥浆，然后将这7位农民活活推下泥塘，全部"呛虾儿"呛死。另外，刘友才、刘应如、潘富被日军当作活靶子，"练习"机枪点射，刘友才身中三弹，刘应如身中一弹，潘富的头颅被打开了花，均当场毙命。

6月18日早晨，日军猪野小队再次下乡，恣意妄为，又将另外10多户人家房屋烧毁，一个好端端的村庄顷刻化为灰烬。薄刀池村惨案仅是一例，日本侵略军当年犯下的暴行，罄竹难书，令人发指！

火烧江北公司

日本侵略军占领白蒲镇后，大肆进行经济掠夺。白蒲是产棉区，日本商人在白蒲西亭坝开设了"江商株式会社白蒲分社"（白蒲人称"江北公司"）。按照日本军方指示，日商在白蒲镇统收棉花，指令全镇花行用一天内贬值数次的"储备票"强行收购，当日打包解交江北公司仓库，待有一定数量后就用大船装运编队，由日军派汽艇护送至南通出海。广大棉农遭受其严重的经济盘剥，对江北公司恨之入骨。

我新四军一旅二团（人称"老二团"）在地方游击队配合下，于1942年4月15日月黑风高之夜，首先攻下白蒲镇河西北街如虹桥伪警察哨所，剪断电话线，随后沿市河向南冲进江北公司，在棉花仓库放火。霎时，火光冲天，映红了白蒲镇上空。江北公司的日本经理须三及翻译吓得从后门逃走，躲在九曲巷厕所内免于一死。

当时日军在白蒲镇的驻军有3处，共40余人。本部设在南洋桥据点，驻20人；北洋桥据点驻10人，牛桥子据点有10余人。他们见街中心火光冲天，枪声大作（新四军将鞭炮放在空铁皮煤油筒内燃放），不知有多少新四军打进了镇里，加之电话线被切断，失去联系，只得龟缩在据点内，向外胡乱放枪壮胆，无一处敢出击救援。

此次袭击战,我新四军和游击队除烧毁江北公司的棉花3 000余担外,还歼灭伪三十四师特务团一部及如虹桥哨所全部伪警察。当大火熊熊燃烧之际,新四军于拂晓前安全转移,无一人伤亡。这次袭击,让日本在白蒲的驻军及伪警察局吓破了胆。自此,他们在哨所周围加设铅丝防护网;在伪警察局、维持会四周的秀才巷、北空场巷都加设木栅,天黑后日军和伪军亦不许行人通行,全部龟缩在据点内。

轰动全国的内战"第一枪"

抗日战争胜利后,全国人民在欢庆抗战胜利的同时,希望休养生息、重建家园。共产党以大局为重,经过艰苦的努力于1946年1月10日与国民党签订了停战协定,国共双方同时颁布了于13日午夜生效的《停战令》。蒋介石在下达停战令的同时密令他的军队迅速抢占"战略要点"。国民党背信弃义,就在国共双方全国停战协议生效之时(1946年1月13日子夜),在白蒲镇公然打响了内战第一枪!当时驻扎在白蒲南部的国民党七十一军九十一师二七一、二七二两个团在两架飞机掩护下,兵分两路,

军调部淮阴执行小组在白蒲调停遗址

国共美三人小组成员合影

沿通扬运河两岸向驻扎在白蒲镇我军特务三团发起了猛烈进攻，武装占领了白蒲镇。事件发生后，在共产党和广大军民的强烈要求下，北平军调小组决定由徐州小组下设的淮阴调停小组负责到白蒲调处，参加谈判的国民党方有肖凤岐上校、杨超上校，共产党方有韩念龙上校、严振恒中校、蒋克定中校，美

《延安日报》报道白蒲事件

方有邓克中校与随员白兰司克，新华社特派员吴青，新华社记者樊发源等，共17人。由于国民党毫无诚意，玩弄花样，美方又片面袒护，调停毫无结果。毛泽东主席慧眼通察，向我军民及时发出了"丢掉幻想、准备战斗"的号召！

丁林战役

发生在白蒲镇的"丁林战役"是举世闻名的苏中"七战七捷"中的其中一捷，是在粟裕和谭震林将军直接指挥下，"以克敌不意，集中优势兵力，各个击破敌人"的典范战例。1946年7月21日"皋南战役"后，国民党加强了林梓的防御，调集全部美式装备的交通警察第十一总队的两个大队及49师26旅守卫林梓。为打通如东如西的通道，牵制进攻邵伯的国民党军力，粟裕将军得到中央军委批准命令，打响了著名的"丁林战役"。共俘虏国民党军2 000余人，击毙1 000余人，缴获枪炮各式武器1474件和大量美式装备。如

皋三捷后,毛泽东论粟裕指挥的丁林战役经验亲拟电文通报全军,三捷战斗总结收入《毛泽东选集》第四卷。

粟裕在苏中战役前线指挥

我军机枪手在屋顶阻击敌军

新四军战士在林梓附近阻击敌人

长寿福地

白蒲为闻名遐迩的长寿之乡,颐养天年之福地。

白蒲是苏中闻名的"鱼米之乡"。中国科学院南京土壤研究所研究员黄标对白蒲土壤的采集研究发现,白蒲为粉砂土壤,含有人体必需的硒、锌、硼、镍等微量元素,含有特定比例的这些微量元素的土壤生产出来的粮食、薯类、豆类、蔬菜等产品,通过食物链吸收,可以提高人们的抗衰老能力。

白蒲长寿农副产品十分丰富,主产品为以水稻为主的二十多种作物和一百多种蔬菜,一年四季交替生长,密集的河网化淡水养殖加上滨江临海,使得淡水产品和海产品源源不断地上市。这些物品常年供应市场,满足了人们生活的需求。其中无公害白蒲大米、无公害白蒲黄芽菜被国家正式命名。常食黄芽菜有养胃、利肠、解酒、通便、降脂、清热、防癌等七大功效,有黄芽菜为"蔬中之王"的说法。

白蒲长寿食品丰盛:有乾隆皇帝御题"只此一家"的白蒲茶干,有白蒲黄酒、林梓潮糕、蟹包鱼腐、姜丝肉、农家米酒,大麦、元麦、玉米糁儿、白萝卜条等长寿系列产品,驰名大江南北。

白蒲的长寿,源远流长,史料多有记载。

清代史料记载的五世同堂就有吴世则、秦永茂、杨春生等十多户家庭。

明清时期有记载的90岁以上老人就有一百多位。

根据公安部门提供的人口数据资料,白蒲镇2013年上半年统计百岁以上老人41名,占总人口万分之3.33,是世界长寿乡标准的近五倍。近十年来白蒲"五世同堂"家庭有21户。

2015年104岁老人陶克明家五世同堂照

白蒲镇曾有百岁坊、五世坊、寿星桥、万寿桥、百岁桥等长寿景观。

百岁坊残留横匾石刻正面

百岁坊残留横匾石刻背面

百岁坊系为百岁老人陈天祥而立，老人百有二岁终，坊在镇南市中。百岁坊横石正面书写几个大字：寿登百岁陈天祥之坊。背面写有：寿登百岁陈天祥于康熙十年三月生，乾隆三十七年五月卒。

通州《海曲拾遗》载："国朝百岁坊凡四：一在白蒲镇为陈天祥，曰人瑞……"陈天祥的百岁坊于乾隆三十五年（1770）奏请清高宗恩准，奉旨旌表建，于乾隆三十六年（1771）冬建成。通州名士顾璜（字乐何）题诗祝贺："岁庆期颐旷古难，天钟我里寿陈抟。才以蒲水歌人瑞，更望燕台降御銮。凤诏迢迢辉草阁，官僚济济拜衣冠。经营华表迎恩宠，胜迹千秋指点看。"

五世坊系为沈兰泉而立，在百岁坊北市中，建于道光十七年（1837）。沈兰泉（1752—1843），名猷，字尊彝，国学生，系都察院左都御史，诰授光禄大夫沈岐之父。道光十六年（1836），沈兰泉86岁时"有子四、孙十五、曾孙九、玄孙二，当事以五世一堂，上闻钦赐"恩荣衍庆"匾额、宫缎一端，白金十两，奉旨旌表建坊。嘉庆进士、经筵讲官、都察院左都御史潘锡恩题《铭》曰："紫琅山高蒲水长，秀毓德门泽流滂。岿然我公今灵光，五世嬉笑昼锦堂。膝绕颐颔乐未央，积善之家有余庆。翩然归真白云乡，耆龄硕德人伦望。铭幽之词祝泷冈，寿厥后嗣永炽昌。"

《白蒲镇志》载，寿星桥位于镇东，桥西侧是清代秀才、曾任宿迁县训导的陈默斋（在世96岁）的宅邸。堂屋东板壁悬挂着唐代诗人卢渥的《赋得寿星见》五言诗，诗曰："玄象今何应，时和政亦平。祥为一人寿，色映九宵明。皎洁垂银汉，光芒近斗城。含规同月满，表瑞得天清。甘露盈条降，非烟向日生。无如此嘉祉，率士荷秋成。"

万寿桥在镇西万寿庵东南，是一座木板桥，民间流传"万寿桥上走一走，逍遥活到九十九"的说法。据载，木桥西侧世居王姓人家,门联为:"北斗七星,亘古百亿万年千秋照;南桥万寿,尚有九千六百五十年。"

百岁桥在百岁坊原址东侧,横跨镇公园环河西。

根据史料记载,白蒲历史上还有八仙会、九老会以及吴际昌赴京参加乾隆皇帝"千叟宴"等记载。

八仙会本指唐代诗人贺知章等八位酒友嗜酒狂放的酒中八仙,后泛指嗜酒会饮的文人学士。清乾隆三十六年(1771)白蒲举人、江浦县教谕顾金菜告老还乡后,联集蒲镇郑韶字、姚隽五、吴廷瑞、郑棠、郑渠、顾金寿、吴莺谷八位酒友开吟社于怡园,十日一集中,分题吟咏诗词,佐以名酝佳肴,以此赏心乐事,欢度晚年。八仙之一吴廷瑞曾有《赋得八仙会》诗一首:"等闲白了少年头,倾盖相逢恰暮秋。千里停骖欣胜地,百年接膝总名流。壮心早逐朝云散,豪兴还同夜月悠。敢仿八人称诈者,丈人鸡黍聚吾俦。"

清嘉庆十五年(1810),名士冒篁邀集同里张宗艺、吴醇、顾达、郑巘、朱洪耀、郑有福、吴千云、吴士德等联九老会,诗酒赛酬,欢娱自乐。顾达绘《九老图》,张宗艺题以诗:"九老登山寻乐处,志同那复计星分。酒杯吸尽双峰月,诗筒传来一朵云。杖国杖乡都入座,看花看柳总呼群。漫言臣老不如昔,执策犹思殿后军。"

乾隆六十年(1795),乾隆皇帝为了不逾越祖父康熙帝在位六十一年的记录,决定把皇位禅让给十五子颙琰,自己当"太上皇"。翌年,即嘉庆元年(1796),为了庆祝"太上皇"六十年来"文治武功""盛德茂行"的辉煌成就和嘉庆皇帝登基,于嘉庆元年正月初四日在皇宫举行了规模空前的"千叟宴",作为乾隆帝禅位和嘉庆帝即位的隆重典礼。

嘉庆《如皋县志》记载:"吴际昌,白蒲人,字韦亭,年八十一岁,遇纯皇帝千叟宴,以八品冠带匍匐丹墀,蒙恩赐鸠杖,银牌,千载旷典也……"吴际昌撰写的《赴千叟宴恭记》中描述："伏以今上御极初元，钦奉太上皇恩旨，敕召天下臣民，年七十以上者赴'千叟宴'。凡寄象译鞮之属胥，梯山航海而来。臣江壖蒲柳，躬逢盛典，滥厕班行。于正月初四日敬诣宁寿宫，仰瞻皇上，恭侍太上皇帝临御皇极殿，两宫欢惬，罍铄盈廷，曲奏云韶，镶罗珍错。诚哉，旷古稀逢；允矣，太平盛事。伏蒙恩赐八品职衔，御诗一章，如意一握，鸠杖一柱，紫貂二个，大缎二疋，贡绸二疋，大小荷包二对，银牌一面。臣泥首祗领，赍捧南还。谨奉御诗、如意、鸠杖、银杯四种，供藏祠内，敬悬龙额，聿昭圣朝锡类之骄蕃。虔达葵心，用志微臣桑榆之荣遇云尔。"

历史上有为高寿者撰写寿序寿文的习俗。民间存留的明清蒲镇寿庆诗文有：吴世标《巇谷八十自序》、顾远夫妇六十双寿诗、吴志尹妻沙氏九十大寿五同堂寿序寿诗、邓枢妻任氏九十寿序、沈猷九十寿庆及《家言八则》、刑部尚书庞钟璐为沈岑七十岁夫妇撰写寿序、沈岐马映辰为治朴园夫妇八十双寿贺词、沈岐八十寿序及重赴鹿鸣宴纪恩诗、陈锡康八十寿序、朱蓉湖之妻刘氏八十寿序、沈显穆五世一堂准奖批文、郑志善妻钱氏七秩寿言、陈昌泰八十寿庆贺诗贺联、当代著名诗人沙白《八十初度》等。

寿联，是为祝贺长者生日而作的对联。《顾延卿诗集》中就收进其撰写的寿联多副。

根据镇志、家谱记载，或长寿者自述，白蒲镇长寿者大致可归纳为以下六种类型。

勤者寿 白蒲水陆交通方便，气候温和，土地肥沃 只要勤劳，就能创造财富；唯有勤，才能生存立足，乐业安居。当地有励志真言："八败命不怕死来做！"种田就是要吃苦，要勤劳。祖辈的教育，使后裔们代代养成勤劳美德，长期勤劳使他们体味到这是长寿之妙法。这种"勤"，体现在人生"少、小、中、老"各个年龄段。这种"勤"包含："勤学、勤耕、勤读、勤文、勤商、勤务"等。白蒲镇102岁老人刘镜寰就是杰出代表。

淳者寿 长寿者其特点是"淳朴谨厚，慎言重诺，和俭恬淡，与世无争"。他们性格多为内向，爱学习、善举义、不图报，为友所信而拥戴。自身饮食清淡，杂食，不烟酒，日出而作，日落而息。

善者寿 长寿者大都有"积德行善""和厚好义""恤贫解难""见善必为""乐善好施"的事迹。其中有修路建桥、资助育婴堂和养老院、置田为义冢、岁欠赈灾，施衣舍药的；有清贫自守、慷慨乐输、刚直好义、排难解纷的；有解囊济危、倾力相助、怜恤孤寡，常年不懈的；还有以医行善，义诊施药等。

孝者寿 镇志中记述的长寿者"孝"的事迹甚多，有"丰嗣父孝""事母至孝""事亲极孝""孝孀母"的；也有"孝友甚笃""孝事舅姑""孝行贞操""性孝友""性至孝""子孙贤"的。在白蒲长寿史册上，"孝"是长寿者共有的道德品质。

睦者寿 长寿者往往表现为"夫妇齐眉""一堂娴睦""兄弟友爱、至老弥笃""敬师重友""赡族恤邻""和睦乡党""笃友爱弟""相夫持家"等，亦有和睦相处的举家高寿者。

乐者寿 人生苦短，乐者长寿。长寿者其"乐"的形式多种多样：有积德行善、乐善好施、以善为乐的；有清贫自守、安贫乐道的；有性格豪爽、放达不羁、仗义为乐的；有闭门读经、博览群书、诗画自娱的；有莳花种竹、煮茗衔杯、把酒吟咏、悠然自乐的。其中最为突出的是四世同堂、五世同堂之家一堂娴睦，享尽天伦之乐。

"勤、淳、善、孝、睦、乐"六个字集中体现了白蒲深厚的长寿文化底蕴。也正是这种长寿历史文化的演绎与传承，将这块风水宝地推向极致,使其成为长寿养生福地。

以乐者寿为例。明清以来,白蒲官宦之家,常请戏班在家演出招待客人。白蒲秀才巷8号门内现存一座古戏台,坐南朝北,与敞厅相对,戏台两旁有化妆室,当年宾主坐于厅堂,便可观赏演出。

顺治八年(1661)白蒲镇建南关帝庙戏台演戏。

乾隆四十三年(1778)著名诗人袁枚来白蒲顾驷的北园作客。

光绪元年(1875)建南北大棚上演徽剧。

民国27年(1938)大民会剧场建成后,组织上演《痴女婿》《牛肉馒头》等日本戏剧,后有京剧戏班来此上演,1943年上海蝴蝶歌舞团曾在此演出。

1945年左右,杨仲康在白蒲小学任教时,参加了校园文艺演出,上演节目有《获虎之夜》《费贞娥刺虎》等。

1949年2月,白蒲镇建立青年俱乐部,后更名为大众俱乐部。1950年1月,大众俱乐部更名为白蒲中心文化站。

新中国成立以后,白蒲镇群众文艺活动十分活跃,文化站积极组织业余作者编排文艺节目,进行宣传演出和参加每年一度的县文艺汇演,多次受到县主管部门的表彰。主要戏剧创作有:1950年,庄涛与孙大翔、唐青合编的《枯井沉冤》由志远剧团在南空场土台上演数场;1959年,章宏猷、吴永祚编写的《歌女泪》话剧由文化站组织在北泰山剧场演了四个夜场;1962年,吴宗泉、刘政编写的歌剧(配扬剧曲调演唱)《苦尽甜来》和根据《歌女泪》话剧改编的歌剧《血债》(配海门山歌)在白蒲人民剧场上演六场,受到群众好评;1965年,高迎、陈玉麟编写的话剧《为人民服务》和刘政编写的小歌剧《厚礼》参加如皋县首届职工文艺会演,双获创作一等奖,并在如城公演多场,《厚礼》一剧被如皋市调演多次。

白蒲镇历史悠久，音乐名流代代不绝。有史可稽的出生于清康熙年间的姜仁修，就是一位全才，"博学于天文地理，礼、乐、兵、刑及诗古文辞，无不贯通"。顾金寿、章峰、吴肇敏、季标"性慧巧，多技艺，尤善音律……"。

道光年间的法宝寺高僧竹堂、真海、福智及晚清民初的慎逸和尚都精通佛教音乐，做佛事时，鼓钲笙管，极富韵律。道教音乐在白蒲地区也有流传。

白蒲人喜爱的乐器有琵琶、三弦、月琴、板胡、京胡、二胡、笛子、箫等丝弦乐器及各种打击乐器。白蒲地区，民间山歌、号子、小调也十分流行。

在器乐方面，自20世纪60年代初一直到90年代，白蒲有一支素质较高的乐队活跃在舞台上，刘骥，擅长演奏二胡板胡等(近年演奏京胡)；吴冲，擅长演奏二胡，对越剧、黄梅戏、京剧的伴奏都上水平；顾华精通横笛和阮；马新擅弹月琴；刘慧英弹奏琵琶；吴旭弹奏三弦，乐队还用上大胡、扬琴和打击乐器。这支乐队训练有素，演奏时音色优美、节奏鲜明，富有感染力，为人称道。

白蒲镇舞蹈源远流长。清《白蒲镇志》在介绍顺治朝人物吴人瑞时写道，他在宅东"辟一地区，构小园，葺治乐栏，花迳，选二八，教成歌舞，与诸名士谦集终岁"。从这段记载可见，明清时代，白蒲镇的社会名流有条件选"二八"少女组成歌舞队并请老师教习，待排练成熟后进行演出。

在民间，群众性的舞蹈绵延数百年，如舞龙舞狮、挑花担、踩高跷、荡旱船、打腰鼓、打连厢、跳马夫、烧肉香等形式多样，为群众喜闻乐见。

1949年，为庆祝白蒲镇解放，扭秧歌盛行一时。曾有长达半里的秧歌队在市大街表演。

白蒲志远剧团和文娱宣传队排演的舞蹈节目有《采茶扑蝶》《海军舞》《插秧舞》《鄂尔多斯舞》《大茶山》《三

月三》《花儿与少年》等。

　　20世纪80年代至新世纪,白蒲镇一大批舞蹈爱好者三十多年来自编舞蹈多种,如筷子舞、彩绸舞、拂尘舞、花环舞等,还有太极系列的拳、剑、扇等舞蹈,先后多次获奖。

　　白蒲镇的老人还组建了如皋市历史文化研究会白蒲分会、白蒲书法协会、白蒲振兴京剧协会、老年体协等,真正做到了老有所学、老有所乐,乐者寿。

附一：白蒲镇历史沿革

公元25年—220年（汉代），白蒲附近为长江入海处的浅水域，未成陆。

公元221年—280年（三国时），据《宋书·州郡志》载："三国时，江淮为战争之地，其间不居者各数百里，其射阳、广陵、海陵、高邮、江都、盐城诸县，并云三国时废，是今日扬通州县，三国俱为潮湿地。"白蒲地段已由江边沼泽地逐渐成陆，却荒无人烟。

东晋时，长江北岸古沙嘴向外扩展，海陵东南境出现大片土地，白蒲镇所在地即在其内，且有人到此生息繁衍，形成濒海临江的村落。

公元411年（东晋安帝义熙七年），"安帝分广陵郡之建陵、临江（石庄）、如皋、宁海、蒲涛五县，置山阳郡，属南兖州。"（见《晋书·地理志》）白蒲镇为蒲涛县旧址。

公元422年（宋武帝永初三年），于南兖州置海陵太守，蒲涛县令属之。

公元508年（梁武帝天监七年），隶南兖州，置海陵郡，蒲涛县属之。

公元551年（北齐文宣帝天保二年），更南兖州为东广州，辖海陵郡，蒲涛县属之。

公元573年（陈宣帝太建五年），陈宣帝改东广州为南兖州，辖海陵郡，蒲涛县属之。

公元578年（北周武帝宣政元年），改南兖州为吴州，因江岸收缩，乃将蒲涛县废省，到隋朝开皇时，蒲涛城湮没，城西一侧为"巨浪激冲，几成泽国"，"《隋书·地理志》（蒲涛）名始不著"。

公元589年（隋文帝开皇九年），改吴州为扬州，设扬州总督府。白蒲镇属宁海县。

公元613年（隋炀帝大业九年），改扬州总督为江都郡，白蒲仍是宁海县属地。

公元620年（唐高祖武德三年），隶吴州（今泰县地）。宁海县改名为吴陵县，白蒲属之。

公元624年（唐高祖武德七年），吴州改邛州（今扬州地），吴陵县改名海陵县，白蒲属之。

公元626年（唐高祖武德九年），邛州改为扬州，白蒲仍为海陵县地。

公元627年（唐太宗贞观元年），分全国为十道，白蒲地属淮南道广陵郡（扬州），仍为海陵县地。

公元733年（唐玄宗开元二十一年），改全国为十五道，白蒲仍为淮南道所属海陵县地。

公元831年（唐文宗大和五年），隶淮南节度使，属扬州，海陵县地。

公元901年—937年（吴），改扬州为江都府，置海陵制置院，属海陵县。

公元937年（南唐李昪升元元年）以广陵为东郡，置泰州，属海陵县。

公元952年（南唐李璟保大十年），隶东郡，属泰州，如皋县地。

公元958年（后周世宗显德五年），改东郡为大都，设扬州大都督节度，下设泰州团练。白蒲属如皋县。

公元958年（后周世宗显德五年），世宗克淮南，南唐放弃江北地。后周乃升静海都镇制置院为静海军，改称"通州"。这是通州（南通）行政建置的正式开始，隶属扬州管辖。白蒲镇南部被列为通州本土，改隶通州，白蒲镇北部仍属如皋县治。

公元960年（北宋初年），蒲南镇属淮东路，通州本土。

公元967年（北宋太祖乾德五年），分天下为十道，扬州为淮南道，下设太州郡，镇北属如皋县。

公元1023年（北宋仁宗天圣元年），蒲南属淮南东路，崇川本土。（通州又名崇州或崇川。）

公元1072年（北宋神宗熙宁五年），改天下为十五路，淮南道改为淮南东路，仍设泰州军。蒲北为如皋县属地。

公元1117年（北宋徽宗政和七年），蒲南属淮南东路静海郡。

公元1130年（南宋高宗建炎四年），陷于金，时仅数月，后又归宋，设通泰镇抚使，白蒲属之。

公元1277年（元世祖至元十四年），置泰州路总管府，至元二十一年，改为州，隶扬州路，属江北淮东道，蒲北仍属如皋县地。

公元1278年（元世祖至元十五年），蒲南属江北淮东道廉访使司通州路。

公元1368年（明太祖洪武元年），隶属直隶中书省，属扬州府，治泰州，蒲北属如皋县，蒲南隶扬州府通州。

公元1404年（明成祖永乐二年），隶南京，属扬州府泰州，蒲北仍属如皋县。

公元1645年（清世祖顺治二年），隶江南布政使，属扬州府泰州，蒲北仍属如皋县。

公元1672年（清圣祖康熙十一年），蒲南属扬州府通州。

公元1724年（清世宗雍正二年），隶江苏布政使，升通州为直隶州，如皋县划归通州管辖，白蒲属之。

公元1760年（清高宗乾隆二十五年），隶江宁布政使，属通州如皋县地。蒲南属通州，蒲北属如皋管辖。

公元1912年（民国元年），废府、州、厅，存县、道。隶属江苏省，属苏常道，白蒲镇实行地方自治，建立自治会。通如两境合治。

公元1919年（民国八年），军阀割据，蒲南称蒲南乡，设自治董事会，属南通县（县治设在南通城内）；蒲北称白蒲镇，也设自治董事会，属如皋县。

公元1926年秋（民国十五年），军阀孙传芳五省联军经白蒲撤退。过境后，白蒲自治会取消，改为南北行政局。

公元1927年4月26日（民国十六年），北伐军过境，国民党分别接管南通县、如皋县。县公署改称县政府，县知事改称县长，白蒲南北行政局分别属两县管辖。

公元1929年（民国十八年），南通县的区划作了调整，将所属的二十一个市、乡划并为十八个区，并改用序数称号，原白蒲乡为白蒲区，称第十六区。如皋县的区划也作了调整，白蒲为第四区。

公元1934年（民国二十三年），国民党南通县政府将十八个区划并为十三个区，白蒲区、刘桥区合并为南通县第三区；次年如皋县也重划了行政区域，分为十五个区，白蒲为第三区。

公元1938年3月18日（民国二十七年），日本侵略军侵占白蒲，白蒲镇沦陷后，成立伪治安维持会，南北合治，属如皋县管辖。六月份又分治，分别成立如皋县自治会白蒲分会和南通县自治会白蒲分会。

公元1939年1月（民国二十八年），白蒲的南、北自治会改为乡董会，分属伪南通县政府和如皋县政府。二月，又改名区公所，白蒲镇分属南北、两区公所统治。

公元1940年8月3日（民国二十九年），新四军东进至如皋西乡，在卢港建立如皋县政府。10月，如皋县政府随军继续东进至如皋东乡，接收了国民党如皋县政府，县府迁至掘港。同时在如西成立如西行署。这时，白蒲为日伪军统治，南北分治，蒲南属伪南通县刘桥区白蒲办事处管辖；蒲北属如皋县白蒲区管辖。

公元1944年（民国三十三年），伪蒲北镇属伪如皋特别区公所。区公所设在周家湾楼。

公元1945年9月21日（民国三十四年），苏中军区的一个营进驻白蒲镇，白蒲建立第一个红色政权——如东县汤园区白蒲办事处.同年11月，苏皖边区第一行政专员公署在如皋成立，如皋县、如东县皆属之。

公元1946年1月14日（民国三十五年），国民政府于南通成立如皋县流亡政府后驻白蒲，领蒲北8个保（如皋县志载为5保），同年7月23日进驻如城。白蒲为国民党如皋县流亡政府所在地历时半年。白蒲人戏称王运典为"八保县长"。白蒲以中板桥为界，实行分治：蒲北镇属国民党如皋县第三区，蒲南镇属国民党南通县第三区。（区公所驻刘桥镇。）

公元1949年1月28日，白蒲第二次解放。此时，白蒲以南北大河为界，河东隶属苏北行政公署南通专员公署如东县（九分区），河西属苏北行政公署泰州专员公署如皋县（一分区）。

同年初，南通实行市县分治，白蒲原属南通县领导的一部分地区划归如皋县。

公元1953年，白蒲统一隶属江苏省南通专员公署如东县。

公元1954年6月22日，经江苏省人民政府批准，原属如东县的白蒲镇划归如皋县管辖，白蒲由区属镇改为县属镇。

公元1958年9月，白蒲成立"火箭人民公社"，公社范围包括镇区和周围五乡，隶属如皋县领导。

公元1959年，基本上以原乡镇为单位设立人民公社，白蒲（含蒲西乡）建立白蒲人民公社，属如皋县领导。同年5月，白蒲人民公社划分为白蒲、姚园两个人民公社。

公元1963年3月5日，如皋县恢复县属镇建制，白蒲镇设立镇人民委员会。

公元1968年，白蒲隶属江苏省南通地区如皋县。

公元1983年，白蒲隶属江苏省南通市如皋县。

公元1991年，如皋撤县建市，白蒲隶属江苏省南通市辖如皋市领导。后经多次区划调整，白蒲周边的蒲西乡、新姚乡、勇敢乡、林梓镇、奚斜乡，先后于1995年、2000年、2013年并入白蒲镇。

附二：沈岐为《白蒲镇志》作序

沈岐（1774—1862），字鸣周，号饴原，白蒲人，嘉庆十三年（1808）二甲115名进士中的第44名，入庶常馆历练，结业，历授翰林院编修、左都御史等职。他应邀为《白蒲镇志》撰写序言。序文如下：

《白蒲镇志》序一

姚君古凤，笃学君子也。曩余在京邸时，君以家贫，梦买书图，索题为作长歌以纪之，且书成语楹帖以赠。云：书城博极，"金楼子诗社"盟宗玉局仙非泛设也。忽忽三十馀年，余以老病归里；君亦须鬓皓然。握手话旧，感喟良深。今年春，君以所撰《白蒲镇志》见示，钦佩无似。窃思作史莫难於志，古人言之綦详。吾蒲虽弹丸邑，而名流接踵、流风余韵，自宋迄今未绝。其间建置沿革、风土人物，安可湮没不传，然非有好学深思考据博雅者，断不能执笔为之。余少从事举业，自时艺帖括外无暇他及；迨长官京师，离梓乡之日久，有询以"玉带河"之故址存否？"是亦园"之经始何人？且茫然无以应。今读是编，乃恍然於源流本末、件系条分，譬如盲者之复明、聋者之忽聪也。他日采之辖轩，登之国史，其将以是编为征信也夫。

咸丰乙卯年端阳节，愚弟沈岐饴原氏顿首拜序（时年八十有二）。

姚鹏春编纂《白蒲镇志》后，除了请沈岐作序外，亦自撰序言如下：

《白蒲镇志》序二

白蒲旧无志，余始创为之。盖余之肩任此志也，亦有年矣。自嘉庆甲子杨虚谷邑侯重修县志，甫脱稿去官，左树棠明府莅任志始藏事。越二年，庚午冬，左侯过蒲视吾父疾，与余话及县志告成。侯因言："蒲名镇也，不可无志"，殷殷垂委於余。时方攻制举业，不暇旁及。然常有蒲志一诺蓄於心，遂成"蒲塘杂咏"一百一首，以为作志张本。继遭二亲丧，又连撄剧疾，几危。二十年来，置志事于不问矣。道光丁酉，今邑侯范廉泉先生修县续志，访及蒲事。余乃有卒成蒲志，求贤父母裁定之意。庚子夏，陶霁园少府见示蒲上旧闻，怂恿余践三十年前蒲志之诺。爰竭五阅月心力，纂成十卷。事惟求核，言必征信，於是蒲有专志。后人将欲于蒲采风、问俗、征文、考献，是编或不无补助焉。

时道光二十一年岁次辛丑上元日，姚鹏春古凤氏撰。

附三：蒲塘十景及其诗篇

明代至清代末期蒲镇有著名风景区十处，文人墨客均有绘画、题咏，清本镇志详载多篇，今择其一。

一、南蒲春帆

景点在邑之南（现白蒲文峰村），新河湾迂回曲折，"文峰阁"绿水环抱，登高远眺，河道如练，白帆片片，南来北航，水木清华，鸣禽翔集，风景美不胜收，清代不少文人留下诗篇。

（一）南蒲春帆
冯棣昌

南蒲夕阳天，春帆片片悬。
遥山浮碧落，流水隔苍烟。
杨柳春难辨，桃花浪欲燃。
新湾留杰阁，翘首白云巅。

（二）南蒲春帆
冯昌禄

泛泛春涨响潺潺，帆影交驰去复还。
环抱奎垣湾七折，文星高阁彩云间。

(三)南浦春帆
吴延瑞
帆随岸转水回旋,曲曲河流抱塔圆。
望里纵无衡九面,推逢人似泛湘川。

(四)新河湾
吴经元
银塘南去水漾沙,落日归帆官渡斜。
曲水随湾青着客,新蒲细柳笱交芽。

(五)南浦春帆
姚鹏春
雨堤杨柳晓风寒,片片红帆漾碧端。
此处天然波折好,一枝文笔插云端。

二、北楼秋获

北楼在邑之北三华里通扬运河西岸,与花雨堂隔河相望,是范景颐、范捷兄弟读书处,原名古柏山庄,庄内多亭廊,登楼远眺,白天河上白帆片片,入夜河道渔火点点,景色迷人。清代文人留有诗作。

(一)北楼秋获
冯昌禄
郭外秋成载获初,楼中积卷富三馀。
既耕且读天然趣,兄弟名留处士庐。

(二)北楼秋获
冯棣昌
人倚最高楼,嘉乐入望稠。
镰垂葭叶渚,担荷蓼花畴。
北陌黄云偏,西风古木愁。
耦耕昆季乐,枫色老三秋。

(三)三里楼

吴经元

绣衣投老爱萧间,百尺高楼绿水湾。
共省儿时游钓处,却是身位花园间。
衔泥紫燕营新垒,出谷黄莺解笑颜。
亭馆水西相掩映,到来人醉不知还。

(四)北楼秋获

吴延瑞

如云禾稼渐登场,原上腰镰口护忙,
旧句迦陵吾最爱,稻花强似建兰香。

(五)北楼秋获

姚鹏春

夕佳亭畔敞高楼,放眼黄云万顷收。
当日耦耕兄弟乐,曾将畎亩傲王侯。

三、东阁风篁

"秋在阁"为吴竹庄先生隐居处。景点在邑之东,四面环水,由草行桥东小径入内。后因几易其主又乏人管理,日趋荒芜,景色已荡然无存。清代文人对东阁风篁诗作如下:

(一)东阁风篁

冯昌禄

隔桥院落绿云中,独有幽人坐晚风。
绕屋栽培千个竹,敲金戛玉耳西东。

(二)东阁风篁

冯棣昌

入夏醉樱林,悠然抱绮琴。
风回三径影,路转小桥阴。
阁外松涛急,堤边柳色深。

此君如结契，个里亦知音。

（三）东阁风篁

吴延瑞

数椽小阁俯溪流，高士遗踪不可求。
两岸兼葭凫雁冷，荒寒此地最宜秋。

（四）秋在阁

顾金芬

竹梧摇落水周遭，秋雨秋风草阁高。
一代繁华归冷淡，百年词赋入肃骚。
何人卜筑诗盈卷，有客临池墨染袍。
每到黄花倍惆怅，蒿门镇日掩蓬蒿。

（五）东阁风篁

姚鹏春

路上桥东笔房开，笒笪万个满园栽。
高人独坐幽篁里，消受凉风四面来。

四、西亭雪驮

　　西亭坝位于白蒲原市河西岸，原坝上有亭，建于何时无考，后圮。清乾隆十一年（1746）蒲人郑大孚新建亭于坝上，亭为石柱，四周围以木栏杆，供行人小坐，或挡烈日，或避雨雪，后亭圮坝存。

　　原淮水至此西折入江，昔人筑坝蓄止之，使水南流于通，利于东乡农田灌溉，以亭为名故曰"西亭坝"，今有小巷名"西亭坝巷"。环亭种红白莲花，亭边植杨柳与梅花，并有红桃、白李。昔文士三朋四友来亭上游玩，有"兴狂到此娱宾朋，酒旗歌板何日已"之句。古代西亭坝是白蒲镇南北交通要道，商旅皆以马驴载货而行，马驴项上挂以铜铃，似沙漠中之驮队，响声不停。清代文人有西亭雪驮诗作如下：

（一）西亭雪驮
冯昌禄
闻说西亭旧有亭，雪天队队驮驴青。
冲寒可有襄阳孟，策蹇寻梅此地经。

（二）西亭雪驮
冯棣昌
西亭飞雪片，铃驮听迟迟。
碧落云初敛，清溪客试骑。
曾经关塞月，又触灞桥诗。
转眼春回早，蹄轻得意驰。

（三）西　亭
顾　云
一带疏林引暮霞，小亭如笠水之涯。
当潮坏槛成陈迹，醉月豪筵忆旧家。
望里衹馀浇酒地，堤边空系钓鱼槎。
我来赈触山丘感，怕睹遗笺墨菊花。

（四）小　亭
吴经元
小亭一个俯江滨，结构多因郑谷城。
胜地即今淹过客，佳名终古属先生。
迎风霜叶堆荒砌，啼日寒乌护短楹。
每向西河闲放艇，低徊不尽故人情。

（五）西亭雪驮
吴延瑞
芳亭一角枕江隈，雪后奚山画境开。
有客板桥骑虎尾，西园昨夜约寻梅。

（六）西亭坝
顾金芬
坝西空见一溪横，乱石难扶小阁倾。

管弦不度旧时声,潮夕犹通今日信。
车船市晓喧偏急,鸥鹭秋波意共平。
打桨有人动诗兴,荻湾蓼岸夕阳明。

五、法宝楼台

　　法宝寺是白蒲最大的寺庙,位于白蒲镇南。始建于唐文宗大和四年(830),原名"圣教寺",有庙房百余间,楼台殿阁星罗棋布,是州属八大丛林之一。寺内最大建筑为大雄宝殿,飞檐雕角,气势磅礴,另有藏经楼、七佛楼、钟鼓楼、金刚殿、罗汉堂、功德堂等。千余年来几经兴废,至清代中叶更臻完备,数次开堂讲经放戒,骚人墨客来蒲均慕名往游,并留下不少墨宝及诗碑,如"藏经楼"三字为扬州八怪之首郑板桥所书,七佛楼"飞锡"二字为进士郑大德所书。河南按察使司佥事傅商佐四游法宝寺,作诗若干,清代文士对法宝楼台留下诗篇如下:

(一)法宝楼台

冯棣昌

凡界豁空明,楼台放眼晴。
树疑天外插,人讶镜中情。
寺古霏烟气,风迟出梵声。
一弯成象鼻,法宝久传名。

(二)法宝楼台

冯昌禄

金碧楼台世外天,梵香圆密透三千。
经藏万卷披难尽,悟道参禅地涌莲。

(三)法宝楼台

吴延瑞

森严龙象古琳宫,午夜钟声散远空。

祗恐痴愚不觉醒，迷离仍在梦魂中。

（四）法宝寺
顾金芬

石桥南畔杖藜寻，七佛楼高一径深。
涧作虹流垂竹院，堍如螺结隐花林。
苍苍杳霭频撩眼，片片空明自照心。
寺后草庵梅更熟，数声钟磬暮烟沉。

（五）法宝寺
吴经元

法海云图佛顶香，珠林千载炯禅光。
天花乱落龙池雨，知是维摩作道场。

（六）法宝楼台
姚鹏春

象鼻湾围古柏杉，香林幽绝隔尘凡。
何时贝兰重全置，饱阅经楼五百函。

六、碧霞钟磬

　　白蒲虽弹丸之地，却有南北碧霞宫两座，又曰"南泰山""北泰山"。寺庙建筑及神像、钟磬等已在寺庙及碧霞宫钟声两文中详尽介绍，此处不再赘述。因碧霞宫之钟磬响声悠扬，回肠荡气，全镇皆闻，成为蒲塘之景色，文人墨客对碧霞钟磬留下诗篇如下：

（一）碧霞钟磬
冯棣昌

佳境涤尘埃，遥天眼界开。
三更楼阁净，两地磬钟催。
秋色浓黄叶，昙光绕绿槐。
清音何处听，笑指翠屏隈。

（二）碧霞钟磬

冯昌禄

绿树阳浓月影斜，不知何处乱鸣鸦。
磬声遥接钟声近，两地常停帝女车。

（三）碧霞钟磬

吴延瑞

嵯峨楼阁碧云中，响答霜晨两院钟。
绝似西泠桥上望，插天南北有高峰。

（四）南北碧霞寺

姚学源

文君祠宇两无分，香袅层霄树拂云。
曾记双峰登绝顶，晨钟暮鼓互相闻。

（五）南北碧霞宫

顾金芬

碧霞宫殿遥相峙，南北巍峨一镇间。
春接琉璃飘风雨，座分环佩想空山。
递传林磬声俱静，不断溪云忆兴闲。
取次叩关参妙谛，婆罗苍翠总堪攀。

（六）碧霞钟磬

姚鹏春

名祠终古奉元君，夕磬晨钟两地闻。
环佩归来天路近，南山云接北山云。

七、虎关烟雨

　　宋代因海运需要，在白蒲建"通济第一闸"，南抵崇川，北达雉水。明废海运闸亦废。闸址西岸有闸口立石，东岸有卧石。明末倭寇常来蒲侵犯，里人张自成率众结营于第一闸上，屡与倭寇奋勇作战，打退了倭寇的进犯。里人为表彰张自成慷慨尚义、奋勇杀敌，遂将其结营处改名为"虎牢关"。自古传说无论发多大的水灾，都淹不了虎关石顶。虎关之顶比蒲镇大街高三尺，如水漫过石顶，蒲镇将成泽国矣。"虎牢关"处于通扬运河西岸，两边栽植柳树，因岸周无村舍农户，春风飘拂时，婀娜多姿，美不胜收，清代骚人墨客对此景留下不少诗篇。

（一）虎关烟雨

冯棣昌

虎关留一柱，烟雨获前津。
雾卷三篙软，云迷万树春。
江村沽酒客，蓑笠钓鱼人。
片石今成古，苍茫烟水滨。

（二）虎关烟雨

冯昌禄

烟光漠漠雨潸潸，古闸千秋号虎关。
远客离乡归思急，披蓑舟子敢偷闲。

（三）虎关烟雨

姚鸢

熟梅天气景冥濛，一石撑持碧浪中。
最好渔舟停泊处，家家蓑笠夜推篷。

（四）虎关烟雨

沈锡庆

估帆镇日此经过，堤柳遥连燕子河。
十里浓阴如画里，半天风雨湿渔蓑。

（五）虎关遗址

顾金芬

淮南坝闸纷江口，深锁洪流壁垒坚。
下邑津关空废址，半湾水石冷荒烟。
斜依断岸垂杨下，峭引征帆古城边。

来往舟人频指点，虎牢千载任讹传。

（六）石关遗址
吴经元

河迁石关几春秋，峭旧松林复古邱。
惟有夜鸟如陇水，荻花渔火照孤舟。

（七）虎关烟雨
沈 岐

龙坝逶迤对虎关，波心一柱势屃颜。
朝烟暮雨多奇致，疑在潇湘彭蠡间。

八、入画园林

景点在邑之东北入画桥处，临近聚德门。蒲水东偏细流桥下，两岸长柳倒映，溪水潺潺。桥东自古名园甚多，林园如画，故名入画桥。清代镇志载"蒲仅弹丸之地，而岸柳、溪桃、林亭、水榭，如在辋川，桥东北更佳，有绿漪园、浣香亭、南长庐、观鱼草阁、九桐居、竹林亭、蓬蒿三亩居诸胜。至潇湘馆、闲园、竹丽园、又园则空存故址。然前辈风流未坠也。"

清代文人雅士临蒲均常游入画桥林园，林园中尤以九桐居为最。九桐居原系姜任修旧址，后归郑湛六居住。乾隆二十六年（1761）进士顾驯，自湖北宦归栖息于此，当时园内有环翠亭、秋琴馆、倚霞楼、睡足处、松冈、露台、双松台、面壁居诸胜景。乾隆三十六年举人顾金芬一人就留下七首题景诗，其他骚人墨客对此景所作诗篇亦多。

（一）入画桥
顾金芬

到此浑忘身入画，画情诗趣足徜徉。
朱栏十二横秋水，白鹭一双飞夕阳。

亭馆几家皆映带,桂松无地不青苍。
浣香莫漫思前辈,名胜吾家重辟疆。

(二)入画园林

冯昌禄

春雨楼深远市嚣,芳园胜概景难描。
通灵最是丹青笔,八骏新添入画桥。

(三)入画园林

冯棣昌

流水到门斜,亭台又几家。
四围春入画,一径客停车。
茆屋溪边露,桑林野外赊。
晚来看洗马,落日衬丹霞。

(四)入画园林

沈锡庆

遥村绿护小茅庵,隔岸闻鸥泊两三。
春日寻诗凭载酒,故人家信画桥南。

(五)入画园林

姚鹏春

蒲塘东北景尤繁,望里虹桥雁齿屯。
多少林亭遗迹在,惜无文叔记名园。

九、虹桥三曲

历史上三桥均建在镇区市河闹市,一河两岸风景秀丽,商贸繁荣,清代文人墨客对三桥景色留下不少诗篇。

(一)虹桥三曲

冯棣昌

春水碧迢迢,河梁入望遥。
数湾浮雁齿,三尺浸虹腰。

红杏村前绕,青帘郭外飘。
端明如再世,终古万安桥。

(二) 虹桥三曲
冯昌禄

鼍梁照影剩双虹,此际披图感未穷。
倘若万安成有日,方教纸上景未空。

(三) 虹桥三曲
吴延瑞

鼍梁雁出跨西东,皓月当天秋正中。
侍偏栏干秋似水,恍疑身近广寒宫。

(四) 三 桥
顾金芬

石杠相望势凌空,长板桥迹驾彩虹。
瓠叶浅深谁更泳,浪花晃荡此俱通。
柱题只堠双林外,地界重关叠镇中。
分得西湖秋一半,暝烟几处落孤篷。

(五) 三 桥
吴经元

千里江淮入望收,三桥龙影卧清流。
夹津明镜涵云月,长占西湖一段秋。

(六) 虹桥三曲
姚鹏春

凌空叠叠彩霓横,旧迹三梁胜概成。
惆怅万安桥未就,不知谁是蔡瑞明。

十、燕尾双溪

  景点在邑之北,因通扬运河之水由北向南流,至白蒲虎牢关处,河面更宽阔,呈三角形。河上有一土墩名"转水墩",水流到此旋转而分流,一股向南流入市河,一股向西经如虹桥流入西南河道,流水到此,明显分界,形似燕尾,因而蒲人将北石桥至转水墩段河道称为"燕子河",沿河东之路名"燕子河路"。每逢雨季,水流湍急,站在渡船口或虎牢关岸边观望,天然形成的燕尾形河道更加形象。1969年疏浚通扬运河时燕子河段亦填废。清代文人墨客对此天然景色留下不少诗篇。

(一)燕尾双溪

冯棣昌

燕尾认西东,清溪曲岸通。
桥梁金镜影,杨柳剪刀风。
两翼浮春浪,双堤到客骢。
蒲塘堪入画,天末晚霞红。

(二)燕尾双溪

冯昌禄

双叉燕尾市河中,龙坝源流曲折通。
最爱船樯闻暂语,杏花春日映波红。

(三)燕尾双溪

吴延瑞

波流如翦带斜晖,隐约春风燕子飞。
夜长秦淮三尺水,桃花红没钓鱼矶。

(四)燕子河

顾金芬

柳带浓阴古岸斜,罨郎歌里送轻槎。
清风十里鱼鳞皱,碧涧双流燕尾叉。
明日桥边今日渡,夕阳巷口旧时家。
最怜三尺添春涨,水面飞燕啄落花。

(五)燕子河

吴经元

溪光潋滟开明练,往来击楫水花溅。
划然南北忽分支,势若春风斜舞燕。
临水人家隐曲阿,新蒲细柳今如何。
终古尾翻常试翦,胡不飞去凌沧波。

(六)燕尾双溪

姚鹏春

予尾偏偏燕舞风,溪分双汊肖形同。
拟将一卷河渠志,附入乌衣香牒中。

吴圣绘蒲塘十景长卷图

吴圣绘《蒲塘十景》长卷图

附四：姜芥园

姜芥园，坐落在白蒲镇西乡（今如皋市九华镇姜元村至白蒲姜北村一带），是一处"延亘十余里，广六七里，四面滨水"、境僻地灵、俗庞人秀的大庄园。创始人姜钟玉，字行仪，生于元代至正，卒于明代天顺，享年89岁。姜氏是清代白蒲镇七大宗族之一，历代名人辈出。

姜钟玉祖先为甘肃天水人，是汉朝大将军平襄侯姜维的后裔。姜氏家族历朝屡徙，由大西北迁至浙江嵊县，第38代迁至江苏通州，元时又转徙上海松江，世为华亭人。明初，"诏举经明行修士，司庠序，教其邑弟子员"，后建文元年（1399），担当邑师，教士有方，颇有声望。"靖难之役"发生，燕王朱棣当上永乐皇帝，即开始了大屠杀。姜钟玉"不得已作避地计"，"顺江下流，择居兹园（姜芥园）"，"妻卫氏暨子五人（姜礼、姜智、姜俊、姜良、姜恭）结茅数椽，以为躬耕食力"。传说，最初开发姜芥园时，姜钟玉掘土，得一砚一盂，非常高兴，他说："此天之使我馕斯粥斯，而以砚田传于子孙也！"（见清姚氏《白蒲镇志》卷十）。至清代，姜芥园成为有千余户的大庄园、风景秀美的"世外桃源"。其园南至马驾桥，东至驼鸣桥（又称"驼眠桥"），北至腰庄（桥），惟西无桥而为渡口，支分派衍，潆回逶迤，南通长江，东接淮水。分为前园、中园和后园三个部分，各成聚落，又遥相呼应，相互关联。园内共有景点近40处之多。姜芥园高埠沃壤，除种植各种农作物外，甘瓜、美果、花卉无不相宜，俨然是一处恢宏的植物园。姜芥园民风淳朴，耕读并重。

姜芥园记
姜培基

姜芥园境僻地灵、俗庞人秀，予始迁祖避乱地也。明靖难兵起，凡受建文官者，燕藩诛之；其民不从者，逐之。予祖不得已，作避地计，否则不免焉。旧居松之华亭，顺江下流，择居兹园。园莅如皋县之白蒲镇，去城九十里，盖治之尾属衔通郡之西北。其形势延亘十馀里，广六七里，四面濒水。南曰"马驾桥"，东曰"驼鸣桥"，桥下水汤汤，深以碧，此与通交界者，北之桥曰"腰庄"，惟西无桥而为渡。渡南七八里通大江，其东南水之来自淮，由治北而东下，抵於蒲，蒲南十里屈折纡徐而入于"驼鸣桥"。淮流江澜，周遭四境，复引贯于腹中，支分派衍，潆洄迤逦，沟溪如绘。其田则高阜沃壤，宜麦、宜牟、宜秔、宜秋、宜黍、宜稷、宜豆荚、宜木棉。春韭、秋菘，甘瓜、美果之属，无不宜焉。其花卉则有兰有梅，有山茶海棠，有玉兰金罂，有桃李桂杏，婪尾竞秀，鹿韭争荣。池栽茂叔之莲；庭种渊明之菊。异草奇葩，四时佳丽。其树则榆柳桑柘、松杉桔柏、桧柏桐梧、梓榐檀楝。其间，干霄蔽日，轮囷而离奇者，不可名状。鸡埘鱼沼与野蔬俱陈；白粲青精与家醪并设。虽非华胥仙境，过之者未尝不指为武陵桃花源也。明祚将移，兵刃满天下，大江南北邱墓村墟罕有完者，而兹园免于践蹂，历我兴朝，皆姜之子孙居焉，他氏绝少，故俗名亦曰"姜家园"。生于斯，长于斯，聚族于斯，纪岁则四百馀年，纪世则十有六代，纪户则千有馀家。或同堂而居，或割宅而处，或三五屋为落，或八九家成村。层楼曲槛,则小院回风;茅舍竹篱,则柴门临水,无不望衡对宇,自相亲睦。其徙居城市者十无一二。流离散失而之遐方者,则绝无而仅有焉。其为俗安歌便舞者,无有也;好勇斗狠者,无有也。守先人之邱墓,遵往哲之遗规,门无杂客,室有藏书。一门之内,父教其子,兄课其弟。或名登甲第,或身膺仕途,或入胶庠,或贡成,均童年就塾,皓首穷经,春诵夏弦,咿唔之声不辍朝暮。又或课雨量晴,日作夜息,耕而食,织而衣,十亩闲闲,妇子嬉嬉,终其身不登长官之廷焉。四民之中,士农为多,岁时伏腊,杯酒相邀,谈诗礼,话农桑,无非乐趣。春秋祭祖庙,则序昭穆、别尊卑,油油然生孝弟之心。噫,善哉,族也,其沐浴於太平之治欤!缅怀先世,择里处仁,后之居是园者,毋遗祖训,毋长浇风,毋以穷通得丧而轻去其乡,是则不忘本也。吾因纂修族谱,为之记。时在乾隆疆圉作噩之且月。

姜芥园续记

姜培基

余作姜芥园记,夸土风秀美,或讥之曰:"天壤之大而有姜芥园,未知得比於梯米,而子张而大之。子,坎井之蛙也。"余曰:"然蟭螟巢於睫,聚族而游,濛濛如雾,彼乌知天壤为大而蛟睫之为小乎!"乃更为续记,其略曰:先人之卜居此园也,历年既久,子姓既繁,地不加益而高原广谷;庐舍增而胜境日辟。虽总名"姜芥园",各成聚落,又分前中后为三。前园东南有桥,曰"善济"。淮水自桥下至迥龙湾,曲折西抵"梦隐桥",桥右即"妙隐山庄",竹树蓊翳,中有"五柳居""见南阁"。自"妙隐"稍折而北,水分流:一贯中园腹;一周后园背;而一环前园之面,顺流西行。重冈连属、蜿蜒委蛇者为"玉带山"。去里许,长沙一支,逆水夭矫。旁有一井泓然,曰"龙谷泉"。色清味甘,盖得江淮之精液者。在右为"桐冈",旧呼"高原",多植桐。原后水深河广,南北恍若隔绝,有芙蓉夹岸、桃花交荫、亘绵东西者,曰"夹堤"。堤阔五尺,长七十馀丈。堤北面南数小园,沟浍为界,亦分亦合,屋瓦鳞生,人烟辏集,则谓中园者是。其中兀立高楼,曰"赐书楼"。下即"旧巢",所称四百年老屋者也。"旧巢"之右曰"蛰窝"、曰"西亭"。行数武渡小桥,构石为山,因水为池槃,阿洞壑之美,甲於一村,曰"庆园"。余大父廉使公为文记之。内小山丛桂嵌屋林中,曰"香居"。再西过独木梁,砌石成衢,曲廊飞阁。历"生月亭"迤折百余步登土山,山半有亭,以茅为之,曰"桐阴小憩"。其在"旧巢"之前,双虹跨堤,左旋而入古柏欹垣而出者,为"遁园"。园之水绕桐冈,临夹隄,皆自"妙隐"由"玉带山"经"旧巢"而西流至"马架桥"。桥西更数里,河益广,白洪浩淼,长天一色。虽天雨时行诸渠,汨乱奔浪冲泥,此独澄清如练,故曰"清水潭"。径北即"古福园",为始迁祖墓。再折二三里下抵湾坝,近西河古渡入江口。其在"旧巢"之左者,若"存朴斋"、若"坐春草堂"、若"怡园"各占胜。陆行五百步至长隄、枕隄之尾,有"荫馀轩",隔溪为"望云阁"、为"诒谷堂"、为"瑞莲亭"。亭俯池上,荷渠溢岸,香气馥馥袭人,花开并蒂,与"存朴斋"牡丹秋实屡兆瑞焉。太史退耕公诗云"紫金莲合发,木芍药重华"盖指此。东去数弓地至"驼鸣桥",人家园亭森森鄰鄰,多被水上风潭黛镜深不掩鳞。桥左竹径柴门,望之澹如邃如者,曰"问耕草庐"。"旧巢"之后有"报裕庵",为一村报赛所。钟鼓梵贝悠然可听;木石竹树亭榭深邃,夏以避暑,又名"瀑馀庵"。自庵右折而西则"螺舍"。舍虽榛芜,只剩空濛数十亩而屑瑟可爱。当春水方生,鸭头初染,盘旋潆绕,通"瀑馀庵"后高桥,会"驼鸣桥"水下而周后园之背,由此至后园,水陆皆通。自"一线堤"至"北墅",墅右达"日省斋"。折而东,循菊田过"崇兰馆",舟行自"瀑馀庵"东北隅,由"四义河"渡"竹梁"纡曲三四里,逾"散木庵"右旋至"吾庐"。去庐不一里,松柏数十株,槎枒崇冈之上。冈顶小厦号"鹤巢",登巢之上,快雪新霁,积素凝华,上下皎洁,寒光皎彩夺人目睛。琼林玉树布列崖岩上,玲珑玓珠,恍游孤山之宇。复左折,自双溪达"绣彩园",晴丝胃路,繁英碍空,菜花蛱蝶,骀荡缭垣。复磴间过此直北则为"腰庄桥",尽后园之界从此入。北河西下至龙舌,折而南为西河,河上"枕流阁"垣埔不设,环以修竹,临水有坡,散石欹立,潮汐往来冲荡有声,颇供流觞之娱。夕阳返照古渡横河,遥望翠柏、丹枫,参差云表,不啻云林图画。从渡口复逆而东向,达中园、前园,此三园究为一园也。地不逾十里,鸡犬相闻,烟火相望,与父老子弟恬恬熙熙,於盛世食旧德、服先畴,所谓"不见泰山,不知土埌之微;不见江海,不知行潦之细"。客笑我曰:"坎井之蛙。蛙之视坎井也,以为群处食息之有馀,夫亦知足而无营者已,又可讥乎?"

附五：白蒲历史文化地图

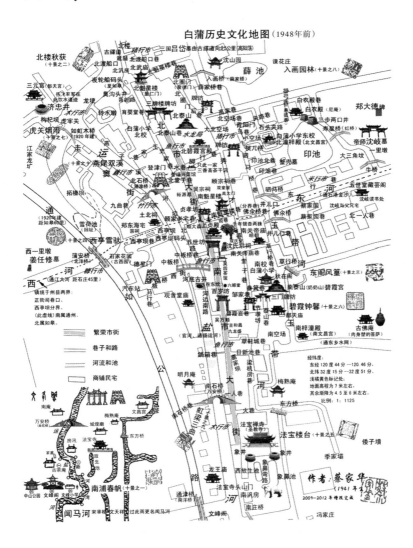